冯友兰人文哲思录

冯友兰 著

贵州出版集团
贵州人民出版社

图书在版编目（CIP）数据

冯友兰人文哲思录 / 冯友兰著. — 贵阳：贵州人民出版社，2021.12

ISBN 978-7-221-16705-7

Ⅰ.①冯… Ⅱ.①冯… Ⅲ.①冯友兰（1895-1990）-人生哲学 Ⅳ.①B261.5

中国版本图书馆CIP数据核字(2021)第182187号

冯友兰人文哲思录

冯友兰 / 著

出 版 人：王　旭

选题策划：京贵传媒

责任编辑：祁定江

出版发行：贵州出版集团

　　　　　贵州人民出版社

　　　　　（贵阳市观山湖区会展东路SOHO办公区A座）

邮　　编：550001

印　　刷：天津行知印刷有限公司

开　　本：880mm×1230mm　1/32

印　　张：8.75

字　　数：170千字

版　　次：2021年12月第1版

印　　次：2021年12月第1次印刷

书　　号：ISBN 978-7-221-16705-7

定　　价：58.00元

前言　哲学与人生之关系

　　哲学是一个很古的名词，有长久的历史，因此，"哲学"这个名词的意义，也就有了很多。大概说起来，哲学有广、狭二义。

　　就广义的哲学说，我们人人都有哲学，并且全是哲学家。我们对于宇宙，或是人生，都有我们自己的见解，自己的意见。多数哲学问题，无论哪个人，对之都有他的相当的答案。我们在路上遇着一个人，问他一个哲学上的问题：究竟有上帝没有？他若说有，他就是有神论者；若说没有，他就是无神论者；如果他对于有无上帝都怀疑，那么他就是怀疑论者；他要说他不研究这个问题，他就是存疑论者。这不是各个人都有他自己的哲学吗？从前有人说：如果打仗，必得先知敌人的军队有多少，但是比这个更要紧的，就是先知道敌人的总司令的哲学是什么，那才不至于上当，打败仗。如果你交了一个主张杨朱哲学的朋友，那么他会一天吃喝玩乐，闹得你不得安宁。至于结婚，更要注意到对方的哲学，才能够有美满的结果呢。王阳明的学生有一天到街上去，回来之后，王阳明问他：你看见什么了？他说：看见满街上是圣人。照以上所说，也可以说，满街上都是哲学家了。这是就广义的哲学说。

若就狭义的哲学说，每一哲学系统有两部分：一部分是断案或结论，一部分是前提和辩论。就像前面说的那个人，你问他：你说有上帝，究竟何以见其有？那恐怕他就不知道了。他是只有断案，而没有前提。这是专门哲学家和普通人不同的地方。主张有神论的专门哲学家，不但说上帝有，还得说何以见其有。主张无神论的专门哲学家，不但说没有，还得说上帝何以见其没有。哲学在教育上的功用，照我的意思有四种，分述于后：

第一，学哲学可以养成清楚的思想。专门哲学家对于一种问题，有他的答案，并且还有所以达到此答案的前提。学哲学的人看了他的答案和前提，除得到新知识外，还可随着他推理辩证，思想就可以渐渐的清楚。哲学书总是不容易看的，非看到哪里，想到哪里，不能懂得。中国人从前主张咬文嚼字，看哲学书也得咬文嚼字，不过从前偏重于修辞方面。如果注意到义理方面，看书咬文嚼字是很有益处的。

第二，学哲学可以养成怀疑的精神。学哲学的人，可以看出哲学与其他的学问有点不同，就是哲学上有多数的问题，都有相反的答案。如对于上帝的存在问题，就有许多的答案，全都是持之有故，言之成理。我们常读哲学书，可以减少我们武断和盲从的习惯。我并不是说一定没有绝对的真理。如我们作一命题，与真实相合，那命题就是真理，真理有成立的可能。不过我们所作之命题究竟是不是与真理相合，很难决定而已。但是有人说：如果人持着怀疑态度，对于无论什么事情，都不能办了。但是不一定如此。我们不一定对于一个理论有了宗教般的信仰，然后再来实行它。

第三，学哲学可以养成容忍的态度。哲学里面的派别很多，而且每派对于他的主张全持之有故，言之成理。我们对于事物研究了一番之后，虽可自有主张，但也不能说别人的学说完全不对，一概可以抹杀。世上的悲剧，有许多是由于人之无容忍态度造成的。像西洋的宗教战争是也。我们应当知道宇宙是多方面的，不是一方面的，人因其观点不同，故所见亦异。人人都有容忍的态度，才易互相调和，不易有什么冲突。民治主义的精神也在此，少数服从多数之理由也在此。

第四，学哲学可以养成广大的眼界。哲学的对象是宇宙的全体。由宇宙的观点看起来，所谓人世间，可以说小到不可言喻了。有一故事说：美国有一个飞行家，坐着飞机飞出了地心引力以外，看见了一个神仙，他就问：某城在什么地方？那神仙说：不知道。他又问：美国在什么地方？神仙答：没有听说过。他又问：亚美利加洲在什么地方？神仙说：也不知道。又问：地球在什么地方？神仙也说：不知道。最后他问：太阳系在什么地方？神仙说：等着我给你查一查。就拿一张图，看见有一个小点，旁边写着"太阳系"三字，才知道太阳系在宇宙中也不过是一小点，何况小而又小的某城呢？

从宇宙的观点看，人世间的成败祸福，皆无可注意的。能有这种眼界者，即如《庄子》所说："死生无变于己，而况利害之端乎？"如果人人能够如此，世界上争权夺利的悲剧，或许可以少演几次吧！有人说：如果人人都照这种观点看起来，恐怕人类就没有了，没有人类，或许更好，也未可知。不过按一方面说，我们要有这种眼界，不但可以做事，而且更能做事。如果未曾在台上讲演过的人，初次上台讲演，恐怕有错误的地方，但是愈怕有错，错处更多。如人做事恐怕失败，但是愈怕失败，他是愈失败。如他能视成功、失败为无关重要，他成功的希望，还可更大一点。

"哲学"与"人生"可以说是很有关系，也可以说是很没有关系。所谓对于人生有没有关系，是说对于我们的行为，有没有影响，或者再确切点说，有没有直接重大的影响。

所谓"哲学"是一个很宽泛的名词，其中包有很多的部分，犹之科学中之包有物理、化学等。哲学里边有几部分，可以说是对人生没有直接重大的关系；有几部分可以说是对人生有直接重大的关系。譬如，逻辑（亦称论理学）对于人生，可说是没有直接重大的关系。其中有些道理，若专就实用观点看，似乎是没有什么价值。如普通逻辑所讲的同一律吧，"甲是甲"。如果甲是甲，甲就是甲。这话可以说是一定不错，但由实用的观点看，就无甚价值。再如说"桌子不能同时是桌子又是非桌子"，这话在实用的观点看，也并没有什么价值。

所以，有几派哲学，因特别注意人生方面，就不注重逻辑。如中国前几年流行的"实用主义"即是如此。实用主义所讲试验逻辑，实是一种试验的方法，并非逻辑。又如中国哲学，向亦注重人生方面。所以逻辑在中国哲学里，可以说是没有。从此看来，逻辑对于人生，即对我们的日常行为，是没有直接重大的影响的。

"知识论"（亦称认识论）对于人的日常行为，亦无多大影响。例如说现在这个桌子，究竟是不是真有等问题。有些人说，我们闭上眼睛，不看桌子，桌子就是无有了；有人说我们虽闭上眼睛，桌子总还是有。但无论哪一种说法，对于我们日常行为，可说是没有什么大的影响。有的哲学家以为太阳明天出来不出来，就不敢说一定。因为我们以为太阳明天一定出之说，无非靠过去经验。但若只靠经验，则在过去是如此者，不一定在将来亦如此。但是这样怀疑，对于日常行为，仍没有直接的影响。虽从理论方面我们不敢断言太阳明天一定出来，但是我们今天该怎样，仍是怎样。信了某哲学家之说，生活上无甚变化；不信它，也没甚变化。所以，有些哲学，对于认识论，即不注重。例如中国哲学，即只注意人生方面。其中逻辑，固然可以说是没有；认识论，也可以说是没有。

哲学中有一部分是对于人的日常生活，没有什么直接重大的影响，举出了上边两个作例，别的自然还有。

可是，哲学中的另一部分，对于我们人生，即日常生活，是有很大的影响的。有些道理，我们不信它，我们的生活是一个样子；信了它，就会立刻变了个生活的样子。最显明者为宗教。

大概大的宗教中，都有一种哲学中的"形上学"作为根据。这形上学对于人生，就很有关系。每个大宗教里边，都讲的有宇宙如何构成，及人在宇宙中的地位等问题；对于这些问题，都有一种讨论、解决和答案。这许多答案，我们相信与否，对于我们的生活，是有很大的影响的。

如佛教即有一很精深的形上学，也就是哲学上所谓"唯心论"。它说"万法唯心"，一切皆本于心。人有那个真心，但他不觉有真心，这就是所谓"迷"。因为有"迷"，所以生出了我们的身体及山河大地。我们的身体及山河大地，都是心的表现。因此，人一生出，就有了许多问题。如"生、老、病、死"四种苦，无论何人，都不能免。

如欲免此人生诸苦，其方法可就很不简单。旧的自杀方法，如上吊、投河；新的方法，如喝安眠药水等，均解决不了问题。照佛家说，我们死了，并不算完。我们原来之所以有这个身，乃因有个"迷"。今虽取消此身，如仍有这个"迷"，则仍然可以有个身。因此就有了出家、修行等办法，以求根本解决这个"迷"。这些道理，你信它或不信它，在行为上就有了很大的区别。不信它，是一个方法生活。如果信了它，你就会根本改变一个生活的样子，完全和先前不同的一个样子。这对于人生，即日常行为，是很有关系的。

此外，哲学中的另一部分，即政治哲学与社会哲学，对于人生日常行为，也是有直接重大的影响的。在历史上，我们的社会，已有过很多的改变，才变到现在的地步。它每一个改变，都有一个新的社会哲学和政治哲学作领导。就是直到今日，亦复如此。关于这一点，有人说政治哲学和社会哲学，仅系社会状况的反映。像镜子里面的影子，并没有什么力量。我想这话有一半对，有一半是不对的，即说政治哲学及社会哲学是社会状况的反映，是对的，但说他没有力量，是不对的。我们走到某一个地步，我们才能看见某一地步前面的一些东西，这是当然的。

譬如，因为我们的社会，是在现在的历史阶段，我们才会有现在的社会理想。在游牧时代，无论如何不能有很高的社会理想，这是不成问题的。不过社会理想既已形成了一种理想，就会有一种力量，形成一种运动。还有一种人说社会改造之成功，并非出于一二人的理想，乃是群众处在某种环境之下，不能生存，感觉到改革的需要，必须如此，才能成功。这是很对的。

但也不能因此就轻视理想之重要。群众不感改革之需要，虽强行一种理想，亦必归失败，这是真的。但只有群众的需要，而无理想之指导，则其行动是盲目的，亦必不能成功。我们固然相信理想是环境所产生，非一二人凭空想出，但既有此理想，它还可以领导人们去改造环境。有两句老话："英雄造时势，时势造英雄。"若把"英雄"二字，换成"理想"二字，即"理想造时势，时势造理想"，这话很不错的了。这一点，现在人，可以说都很感觉到。不管其政见之左或右，主张保持现状或改变现状的那一派，他都感觉到一种政治社会运动，非有一种政治社会哲学作根基不行。

说到此处，就又说到我们常说的"死哲学"与"活哲学"之不同了。什么是活哲学呢？能成为一种力量，领导人的行动即是；反此，就是死哲学。或者它前亦会是活过，但今已成一二人的空话了。

我们还可以连带说及所谓新哲学和旧哲学的问题。究竟有没有新哲学，即能不能凭空生出来一种与旧的全无关系的哲学呢？也许将来会有超人出世，创了出来。但这可说是没有的。其实，无所谓全新的哲学。新的哲学中亦有旧的分子，不过能把旧的和现在的知识、环境，连成一片。能如此者，就是新哲学；不能，即不是。

从以上所说，我们可以知道，哲学中有几部分，对于人们的日常行为是很有影响的。如刚才所说的许多道理，我们信它或不信它，我们的行为，可以有大大的不同。

再总起来说，哲学里有一部分对于人生没有直接关系，但是，有一部分，有直接的关系。有一部分对于日常行为，不生直接重大的影响，但是有一部分，则生直接重大的影响。所以有些人说，譬如出兵打仗，对方的器械、兵力，固属我们所要知者，但其总司令是持怎样的哲学，也是我们要知的。再如出租房子，房客能否拿得出租钱，房东固然要知道，但其持着怎样的哲学，房东也要知道。如果房客持的是如《列子·杨朱篇》所说的哲学，他一定会把你的房子住得乱七八糟。这是就哲学之与人生有关系说的。还有人说哲学毫无实用价值，只是用一些很好看的字眼，说些没意义的话。这两方面话，都有些道理。实际是：哲学里头有一部分是与人的日常行为即人生，有直接重大的关系；有一部分没有直接重大的关系。哲学乃是一个总括的名词。

目　录
CONTENTS

第二章 哲学与人生

第三章　个人修养与人生品质

第一章　幸福人生的真相

何为幸福[1]

何为幸福

凡物各由其道而得其德，即是凡物皆有其自然之性。苟顺其自然之性，则幸福当下即是，不须外求。此所谓逍遥游也。庄子之书。首标此旨，托言大鹏小鸟，"故极小大之致，以明性分之适""苟足于其性，则虽大鹏无以自贵于小鸟，小岛无羡于天池，而荣愿有余矣。故小大虽殊，逍遥一也"（郭象《逍遥游注》）。凡物如此，人类亦然。庄子云：

彼民有常性，织而衣，耕而食，是谓同德。一而不党，命曰天放。故至德之世，其行填填，其视颠颠。当是时也，山无

1　冯友兰：《人生哲学》，中国国际广播出版社，2016，第25—28页。

蹊隧，泽无舟梁；万物群生，连属其乡；禽兽成群，草木遂长。是故禽兽可系羁而游，鸟鹊之巢可攀援而窥。夫至德之世，同与禽兽居，族与万物并，恶乎知君子小人哉？同乎无知，其德不离；同乎无欲，是谓素朴。素朴而民性得矣。（《马蹄》）

子独不知至德之世乎？……当是时也，民结绳而用之。甘其食，美其服，乐其俗，安其居，邻国相望，鸡狗之音相闻，民至老死而不相往来。若此之时，则至治已。（《胠箧》）

泰氏，其卧徐徐，其觉于于；一以己为马，一以己为牛；其知情信，其德甚真，而未始入于非人。（《应帝王》）

此《胠箧》篇所说，亦与《道德经》八十章同。盖此为道家所认为之黄金时代也。

人为之害

庄子继云：

及至圣人，蹩躠为仁，踶跂为义，而天下始疑矣；澶漫为乐，摘僻为礼，而天下始分矣。故纯朴不残，孰为牺尊？白玉不毁，孰为珪璋？道德不废，安取仁义？性情不离，安用礼乐？五色不乱，孰为文采？五声不乱，孰应六律？夫残朴以为器，工匠之罪也；毁道德以为仁义，圣人之过也。（《马蹄》）

上诚好知而无道，则天下大乱矣。何以知其然邪？夫弓弩、毕弋、机辟之知多，则鸟乱于上矣；钩饵、罔罟、罾笱之知多，则鱼乱于水矣；削格、罗落、罝罘之知多，则兽乱于泽矣；知诈、渐毒、颉滑、"坚白"、解垢、"同异"之变多，则俗惑于辩矣。故天下每每大乱，罪在于好知。故天下皆知求其所不知，而莫知求其所已知者，皆知非其所不善，而莫如非其所已善者，是以大乱。故上悖日月之明，下烁山川之精，中堕四时之施。惴耎之虫，肖翘之物，莫不失其性。甚矣夫，好知之乱天下也！（《胠箧》）

此所谓人类之堕落也。圣人以其聪明才力，改造天然境界，而不知人类之苦，已与人为之物而俱来矣。

人为之目的不外两种：一模仿天然；二改造天然。若为模仿天然，则既有天然，何须模仿？《列子·说符》篇云：

宋人有为其君以玉为楮叶者，三年而成。锋杀茎柯，毫芒繁泽，乱之楮叶中而不可别也。此人遂以巧食宋国。子列子闻之，曰："使天地之生物，三年而成一叶，则树之有叶者寡矣。故圣人恃道化而不恃智巧。"

此即云恃自然而不恃人为也。若为改造天然，则适足以致痛苦。庄子云：

是故凫胫虽短，续之则忧；鹤胫虽长，断之则悲。故性长非所断，性短非所续。（《骈拇》）

而人为之目的，多系截长补短，改造天然。故自有人为境界，而人在天然境界所享之幸福失。既无幸福，亦无生趣，譬犹中央之帝，名曰混沌，本无七窍，若强凿之，则七窍开而混沌已死矣（《庄子·应帝王》）。

对于人生问题的一个讨论

一

民国十二年（1923）中国思想界有一个顶关紧的事项。就是人生观的论战。张君劢说："人生观不是科学律令公式所能解决的。"当时丁文江又出来说："人生观用科学律令公式解决是可能的。"这样的论战，很有些时。据唐钺的调查，他们讨论的重要的问题有十三个。因为问题太多，所以不能有一个系统的观察。而且他们的讨论，据胡适之说，"并没有把一种具体的人生观说出来，而只是证明人生观是否可以用科学来解决。唯有吴稚晖先生的《我的一个新信仰——宇宙观和人生观》还算说出一个具体的人生观来"。我现在所说的，便是具体的人生观，至于我说得对不对，和方法的错不错，还请大家批评。

陈独秀先生曾经说过："人生之真相果何如乎？此哲学中之大问题也。欲解决此问题似非今人智之所能。"他的意见觉得这个问题太大，现在不能够一时解决。我觉得这个问题并不难解决。凡一事物必是对于局外人方要知其真相。譬如，现在的北京政局，我们因是局外人，才要求它的真相。如果是当局的人就不必去打听这个真相了。人是人的当局者，而所谓人生者亦就是人的一切动作。譬如，演剧，剧是人生，而演剧者一举一动都是人生，亦就是人生的真相，就没有其他的问题了。我们现在处于人的地位，而去求人生的真相，无异乎宋儒所说的"骑驴寻驴"了。

二

我方才所说的一片话，大家总不能说是就满意，因为如今人所欲知者，实在并不是"人生的真相"。而是要解释"人生的真相"，人生是为什么？"为"字有两种意义。

一是因为什么的解法，原因；二是所为什么的解法，目的，就是戏上所说的"我所为何来"。因为有这两种解释，就有两种答法：

（一）原因，因为什么

这个问题是很难解答的。人是天然界一个东西，就是万物之灵也罢，高等动物也罢，然而总出不了天然界之外。而所谓人生，也就是天然界里一件事情——如刮风、下雨、草木的发生，都不能问它因为什么。要答这个问题，非把天然界全体的事情都加以说明不可，我想如今人类知识，还不能够来解释天然界的全体，况且我们在短期讲演时间，哪能解释明白？

（二）目的，所为什么

陈独秀说过："我们人类究竟为的什么，应该怎样，如果不能回答这两个问题，模模糊糊过了一世，也未免太觉无味。"独秀先生的话，可以代表一般人要解答这些问题的意思，我也很遇着几个人要问这个问题，以为是要不得这些问题的解答，人生未免太乏味。方才我说人是天然界一个东西，人生是人的一切动作，就这个动作分析起来，有种种的部分，每一部分的行为，说起来是人为的，而从人生全体看，却是天然的事情，譬如演戏，件件的举动是假的，而其全体却真是人生的一件事情。凡是天然的，不能问它是什么目的，如雨就是雨，山就是山……吾人观天然界的东西，只可说它"就是如此"，不能像人为界里的区分为目的与手段。在人为界里的事情，可以说是有目的，但是全一个人生，就不能说有什么目的了。

有一般目的派的哲学家，如亚里士多德，说天地为什么生草，供牲口的食用；为什么生牲口，供人类的食用。有人就讥笑这种目的论哲学说"人为什么生鼻子，为戴眼镜"。可见目的派也靠不住，所以我说人生就是如此，人生就是为生活而生活。

德国费希特说："人生是为的自我实现。"法国柏格森说："人的生活是要创化。"如果再问为什么要实现，为什么要创化，他只能答："为实现而实现，为创化而创化。"又有人说："人生为真善美。"为什么为真善美，亦答不出所以然来，那又何必绕这个大弯呢？

大凡于生活无阻碍的人，都不问为什么生活，有些人对于生活发生了问题，发生了悲观，他的生活达不到目的，他才要问："人为什么生活？"这就可以证明"人就是为生活而生活"的。

庄子说："泉涸，鱼相与处于陆。相呴以湿，相濡以沫，不如相忘于江湖。"我论这些问题，亦只取"相忘于江湖"的态度。

三

方才说人生，就是人生，就是为生活而生活。然生与死何以区别呢？生活要素是活动，活动停止就是死。此活动的意义是广义的，如身之活动，及心之活动都是。然而这些活动的原动力，就是人生的各种"欲"，欲满足此"欲"，乃有活动。我所说的"欲"，包括现在人所说的冲动、欲望两样。

冲动，就是人之本能的、动作的倾向，大都是无意识的，因冲动虽是一种要求，而不知其所要求之目的，虽欲实现，而不知其所欲实现的是什么。这是本能的，不学而能的。如婴儿吃乳，饿了就要哭，可是他绝不能说出他哭的是什么。

欲望，其中参加有知识的分子，它亦是一种要求，可是知所要求的是什么，是有意识的。

近来梁任公先生以"情感"为活动力之原动，情感是活动时心理上一种情形。如人遇见了他的仇人，就去打他。并不是恼了才去打的，实在是打了才恼的。詹姆士说："见了可怕的蛇就跑并不是怕了才去跑，实在是跑了才怕的。"所以情感与活动的关系，如风雨表与风雨的关系，并不是说风雨是风雨表的原因。

四

人生的要素是活动，假使人类的欲望没有冲突，那人生就美满了。实际中欲望相互冲突的地方很多，不但我的欲与人之欲相冲突，就是个人的欲望亦是常相冲突。中国古来有个传说，"三人言志，一发财、一做官、一成神。一腰缠十万贯，骑鹤下扬州"。试问哪一人的欲望能满足呢？因为不能个个满足欲望，人生问题才发生出来。既发生了人生问题，将怎么样解决呢？就是和、中、通三义，兹分述于下。

"和"的目的就是在冲突的欲之内，使大多数欲可以满足。一切政治、法律、社会、宗教……都是求和的方法。穆勒说，"个人之自由，以不侵犯他人之自由为限"，就是求和的一法。种种道德方法，都是求和之道，或是有比这好的，但只是求和的方法不得不有。譬如政府不好，实行无政府主义，不过无政府亦是一种方法，如果仅只凭着一人的直觉去活动，我真不敢承认。

"中"就是孔夫子所说"中庸之道"的"中"，也就是能满足此欲，而又不妨害他欲之一个程度，"饮酒无量不及乱"就是一个例。在道德方面为"和"，在学问方面为"通"，通是什么？举一个例，好比大家都承认地圆。地方之说，是完全取消，因为有许多现象，用地方之说去解释便不通，而地圆可以讲通，此即谓通。一种道德制度，愈能得和大，则愈好，就以知识上的道理解释的现象愈多则愈通。如以前的教育方法约束学生，现在的新教育法有了游戏的时间，有研究学习的时间，乃可以满足各方面的欲望，所以新方法比旧方法好。中国古书上说"天下之达道也，天下之通义也，天下之达德也"，就是说，越能通的就越好。

五

刚才说的全是抽象的中、和、通，若实际上的中、和、通，则不能不用理智去研究。梁漱溟先生讲"中，非用直觉去认不可"，我觉得他说这话很危险，他的话的根本是假定在"人之初，性本善，性相近，习相远"几句话的上面，人性是善的恐难靠得住，现在有一派心理学家就是性恶派。倘若梁先生说："能顺着自然的路走，就是很对的路。"试问问他讲的什么，不是因为人类走错了路吗？他讲的有些我很赞同，但直觉的话是危险的。

我也非说人性恶，我们要知道人本是天然界的一个东西，他的性本来不能说是善或是恶，因为是自然的就是那个样了。不过他们时相冲突才有善恶之分，就是刚才所说的"和"，能包含的便是善，"和"不能包含的便是恶，至于性的本来却不能说善与恶。

六

好的意义，就着本能而言都是好的，凡是能使欲望满足的都是好，欲望冲突以后，不包括在"和"之内的，好就变成恶了。好还可以分为两种：

（一）内有的好，本身可以满足我欲望的，如糖的甜；

（二）手段的好，本身不能使我们满足，可是它能使我们得到满足我们欲望之物，如药是苦的不好吃，是不能满足我们的，但是它能使我们身体康健，可以使我们满足。

这两种的分别无一定的，要看我们的目的何在。譬如，我在黑板上写字要为练习而写，那就是内有的好；要是为你看而写，就是手段的好。

然而说到人生，实在是痛苦的，往往必得有种种的手段的好，方可得到内有的好，但是有时候费尽力量去用手段的好，内有的好仍得不到，因这而痛苦更不堪了。

若是这样，也有一种解决的方法，就是把手段的好与内有的好看作一样的东西。譬如我写字是求你们看的，但是你们要是不看的时候，我就可以看作我自己练习字，那就无所谓痛苦了。

不过有些东西，也不然。如茶，人总不愿意把它当作内有的好看待。

七

人死是人生的反面，也就是人生的大事。古人有"大哉死乎，君子休焉，小人休焉"的话，就可以代表人对于死的问题很以为重要的了。

因为人都怕死，所以死后成鬼与否，或者死后有没有灵魂的问题，就出来了。

有一班修仙学道的人，说人是可以不死的，我觉得长生不老固然不能，可是不死是能的。如"生殖"就是不死。好像一棵树，结了籽实，落到地下面，成了别一棵树；别一棵树确是那棵树的一部分种子，所以那棵树仍是没死，照这样说不死也就没什么大稀罕。再一种下等动物——阿米巴，它的生殖是一个细胞分裂的，也就不知那是新生的，或老的了。

"不孝有三，无后为大"，自古以来传到如今，因为无后，才算真死，这话也合乎生物学的道理。

八

不朽与不死同是指人之一部分之继续生活力。不朽是指人之一种不可磨灭的地方，这样不可磨灭的地方，人人都有，也就是人人都是不朽。而且想朽也是不能的。譬如那边夫役洗凳子的声音，在世界上已经有了这回事，想去掉也不能。

不过这种的不朽，有大不朽与小不朽的分别。大不朽是人人都知道的，如尧、舜、孔子。知道小不朽的人少，如夫役洗凳子的声音。要就存在而论，这一种声音，和直奉战争都一样的存在。所不同的，就是在乎人知道的多少罢了。

在不朽里包括立德、立功、立言。桓温说："丈夫不能流芳百世，亦当遗臭万年。"二者都是不朽，不过这两种分别，只在"流芳"与"遗臭"罢了。

照上面所说，算是生也有了，死也有了。我的人生观也可以收束了。

人生的意义及人生中的境界

　　人生有意义吗？对于这个问题，我的回答是"人生是有意义的"，但人生的意义常因个人的见解不同，而各有差异。一件事物的意义，各人所说可以不同，其所说的不同，乃因各人对此事的了解不同，人对于宇宙人生的了解程度可有不同，因此宇宙人生对于人的意义亦有不同。宇宙人生对于人所有的某种不同的意义，即构成人所有的某种境界。

　　人生中的境界可分为四种：自然境界、功利境界、道德境界和天地境界。

　　现叙述于下。

　　自然境界：其特征是在此境界中的人，其行为是顺着他的才能或顺着他的习惯与社会风俗去做，既无明了的目的，也不明了所做的各种意义。小孩吃奶和原始人类的"日出而作，日入而息"都是属于自然境界，普通人的境界也是如此。

　　功利境界：其特征是在此境界中的人，其行为是以追求个人的利益为目的。其与自然境界不同之处是自然境界的人其行为无目的也不明白意义，功利境界的人他的行为有确定的目的且能明白它的意义。这两种境界，都是普通一般人所有的。

道德境界：其特征是在此境界中的人，其行为是行义的。所谓义与利，并非各不相关，二者表面相反，实则相需相成。二者的真正分别，应该是求个人之利者为利，求社会之利者为义，亦即程伊川所说："义与利之别，即公与私之别。"道德境界中的人，其所作为皆能为社会谋利益，古今贤人及英雄便是已达到道德境界的。

天地境界：其特征是在此境界中的人，其行为是事天的。换言之，我的身躯虽不过七尺，但其精神充塞于天地之间，其事业不仅贡献于社会，更能贡献于宇宙，而"与天地比寿，与日月同光"。唯大圣大贤乃能达到这个境界。

以上四种境界，各有高低不同。某种境界所需的知识程度高，则境界亦高；所需知识低，则境界亦低。故自然境界为最低，功利境界较高，道德境界更高，天地境界最高。因境界有高低，所以人所实际享受的一部分世界也有大小，一个人所能享受的世界的大小，以其所能感觉的和所能认识的范围的大小为限。就感觉而论，各人所能享受的世界很少差别，食前方丈与蔬食箪饮，并无多大的不同。若以认识了解而论，各人所享受的世界差别很大：如自然境界的人和天地境界的人认识不同，了解不同，因而这两种人所享受的世界，亦有悬殊。四种境界，不仅有高低之分，还有久暂之别。因为人的心理复杂，有的人已达到某种境界，但因心理变化，不能常住于此境界中。作恶的人属于功利境界，有时因良心发现，做一点好事，在良心发现这一刹那，他就入了道德境界，因未经过特别修养功夫，不能常住于道德境界中，过了一会儿以后，又回复到功利境界。若有人能常住在道德境界中，便是贤人；能常住在天地境界中，便是圣人。

四种境界就其高低的层次看，由低而高，表示一种发展。前二者是自然的礼物，不需要特别功夫，一般人都可以达到。后二者是精神的创造，必须经过特别修养的功夫，才能达到。道德境界中的人是贤人，天地境界中的人是圣人，两种境界可算是圣关贤域。圣贤虽和众人不同，但他达到道德和天地境界，不必做一些标新立异的特别事。他所做的事其实还是普通人能做的事，不过他的认识比一般人高而深，故任何事对他都能发生特殊意义，此即所谓"极高明而道中庸"。

人生的意义

何谓"意义"？意义发生于自觉及了解。任何事物，如果我们对它能够了解，便有意义；否则便无意义。了解越多，越有意义；了解得少，便没有多大的意义。何谓"自觉"？我们知道自己在做一种事情，便是自觉。人类与禽兽所不同的地方，就是人类能够了解，能够自觉，而禽兽则否。譬如喝水吧，我们晓得自己在喝水，并且知道喝水是怎么一回事，可是兽类喝水的时候，它却不晓得它在喝水，而且不明白喝水是什么一回事，兽类的喝水，常常是出于一种本能。

对于任何事物，每个人了解的程度不一定相同，然而兽类对于事物，却谈不到什么了解。例如我们在礼堂演讲，忽然跑进了一条狗，狗只看见一堆东西，坐在那里，它不了解这就是演讲，因为它不了解演讲，所以我们的演讲，对于它便毫无意义。又如逃警报的时候，街上的狗每每跟着人们乱跑，它们对于逃警报，根本就不懂得是一回什么事，不过跟着人们跑跑而已。可是逃警报的人却各有各的了解，有的懂得为什么会有警报，有的懂得为什么敌人会打我们，有的却不能完全了解这些道理。

同样的，假如我们能够了解人生，人生便有意义；倘使我们不能了解人生，人生便无意义。各个人对于人生的了解多不相同，因此，人生的境界，便有分别。境界的不同，是由于认识的互异。

这，有如旅行游山一样，地质学家与诗人虽同往游山，可是地质学家的观感和诗人的观感，却大不相同。

我前面讲过，人生的境界，大体上可分为四类：

自然境界：最低级的，了解的程度最少，这一类人，大半是"顺才"或"顺习"。

功利境界：较高级的，需要进一层的了解。

道德境界：更高级的，需要更高深的理解。

天地境界：最高的境界，需要最彻底的了解。

自然境界中的人，不论干什么事情，不是依照社会习惯，便是依照其本性去做。他们从来未曾了解做某种事情的意义，往好处说，这就是"天真烂漫"；往差处说，便是"糊里糊涂"。他们既不懂得为什么要这样做，又不明白做某种事情有什么意义，所以他们可说没有自觉。有时他们纵然是整天笑嘻嘻，可是却不自觉快乐。这，有如天真的婴孩，他虽然笑逐颜开，可是却一点都不觉得自己快乐，两种情况，完全相同。这一类人，对于"生""死"皆不了解，而且亦没有"我"的观念。

功利境界中的人，对于人生的了解，比较进了一步，他们有"我"的观念：不论做什么事，都是为着功利，为着自己的利益打算。这一批人，大抵贪生怕死。有时他们亦会为社会服务，为国家做点事，可是他们做事的动机，是想换取更高的代价。表面上，他们虽在服务，但其最后的目的还是为着小我。

道德境界中的人，不论所做何事，皆以服务社会为目的。这一类人既不贪生，又不怕死。他们晓得除"我"以外，上面还有一个社会，一个全体。他们了解个人是社会的一部分，个人与社会是部分与全体的关系。就普通常识来说，部分的存在似乎先于全体，可是从哲学来说，应该先有全体，然后始有个体。例如房子中的支"柱"，是有了房子以后，始有所谓"柱"，假使没有房子，则柱不成为柱，它只是一件大木料而已。同样，人类在有了人伦的关系以后，始有所谓"人"，如没有人伦关系，则人便不成为人，只是一团血肉。不错，在没有社会组织以前，每个人确已先具有一团肉，可是我们之成为人，却因为是有了社会组织的缘故。道德境界的人，很清楚地了解这一点。

天地境界中的人，一切皆以服务宇宙为目的。他们对于生死的见解：既无所谓生，复无所谓死。他们认为在社会之上，尚有一个更高的全体——宇宙。科学家的所谓宇宙，系指天体、太阳系及天河等，哲学家的所谓宇宙，系指一切，所以宇宙之外，不会有其他的东西，我人绝对不能离开宇宙而存在。天地境界的人能够彻底了解这些道理，所以他们所做的事，便是为宇宙服务。

中国的所谓"圣贤"，应该有一个分别。"贤"是指道德境界的人，"圣"是指天地境界的人。至于一般的芸芸众生，不是属于自然境界，便属于功利境界。要达到自然境界或功利境界非常容易，要想进入道德境界或天地境界却需要努力，只有努力，才能了解。究竟要怎样做，才算是为宇宙服务呢？为宇宙服务所做的事，绝对不是什么离奇特别的事，与为社会服务而做的事，并无二致。不过所做的事虽然一样，了解的程度不同，其境界就不同了。

我曾经看见一个文字学的教授，在指责一个粗识文字的老百姓，说他写了一个别字。那一个别字，本来可以当作古字的假借，所以当时我便代那写字的人辩护，结果，那位文字学教授这样的回答我："这一个字如果是我写的，就是假借；出自一个粗识文字的人的手笔，便是别字。"这一段话很值得寻味，这就是说，做同样的事情，因为了解程度互异，可以有不同的境界。

再举一例：同样是大学教授，因为了解不同，亦有几种不同的境界。属于自然境界的，留学回来以后，有人请他教课，他便莫名其妙地当起教授来，什么叫作教育，他毫不理会。有些教授则属于功利境界，他们所以跑去当教授，是为着提高声望，以便将来做官，可以铨叙较高的职位。另外有些教授则属于道德境界，因为他们具有"得天下英才而教育之"的怀抱。有些教授则系天地境界，他们执教的目的，是为欲"得宇宙天才而教育之"。在客观上，这四种教授所做的事情是一样的，可是因为了解的程度不同，其境界自有差别。

《中庸》有两句话，说圣人可以"赞天地之化育"，可以"与天地参"。所谓"赞天地之化育"并不是帮助天地刮风或下雨，"化育"是什么？能够在天地间生长的都是化育，能够了解这一点，则我们的生活行动，都可以说是"赞天地之化育"。如果不明白这一点，那么我们的生活行动，只能说是为"天地所化育"。所谓圣人，他能够了解天地的化育，所以始能顶天立地，与天地参。草木无知（不懂化育的原理），所以草木只能为天地所化育。

由此看来，做圣人可以说很容易，亦可以说很难，圣人固然可以干出特别的事来，但并不是干出特别的事，始能成为圣人。所谓"迷则为凡，悟则为圣"，就是指做圣人的容易，人人可为圣贤，其原因亦在于此。

总而言之，所谓人生的意义，全凭我们对于人生的了解。

人生术

人生术者，就是假定人生是为寻求幸福的，那么怎样才能得到幸福，就是"人生术"。

这个问题在学校里是不常谈的，现在学校里所重视的是知识的输入。中国从前的学者，讲这问题的却很多，从前的道学家那种呆板处世，无非在寻求幸福。又《论语》中的孔子"乐以忘忧，不知老之将至""一箪食，一瓢饮……回也不改其乐"，都是他们会讲人生术。

人生术很多，今天只讲一个，就是应付情感的方法。情感包括喜、怒、哀、乐，虽然幸福的整个问题不完全在情感上，可是喜怒都与人生有大关系。如《三国》中的三气周瑜，一下子给气死了；《说岳》中的牛皋捉住了金兀术，把金兀术气死，牛皋乐死了。这都是情感的作用。我们怎么对付它，就是现在要讲的。

情感的来源有两派说法：

一派以庄子为代表。庄子说人之所以有情感，因为人的知

识不够，若有充分的认识，则不会有情感。譬如大风天气，使
人出去不方便，在大人们并不觉得有什么情感发生，可是小
孩子们不能出去，就会很生气，骂天是混蛋。这因为孩子们
没有大人知道得多，所以就较大人受的情感的痛苦多。西人
Spinoza 的 *Ethics* 说，情感是 human bondage，若人有完全的知
识，就可以把这 bondage 打破。

《庄子·养生主》篇讲此道非常之多，说老子死了，许多
人非常悲哀，《庄子》说他们是"遁天背情"，"古者谓之遁
天之刑"。他们对于人生性质，没有完全知识，他们不知道死
就是生的结果，所以他们受了"遁天之刑"，即是悲哀。庄子
是很懂这道理的，他的太太死了，他反鼓盆而歌，惠施曾因此
责备他。庄子说：在起初我心亦莫不慨然，但后来想世界上原
先压根就没有他的太太，后来忽然有了，有了又没有了，还是
和从前一样。人之生死，正如春秋之顺序一样，没有可悲的。
庄子之如此，是他以理化情。

一派以王弼等人为代表，认为情感之生因累于物。王弼等
主张人应"应物而无累于物"，说情感是自然的反映，所以不
能免除，只要不累于物就够了。《庄子·应帝王》亦讲"至
人之用心若镜，不将不迎，应而不藏，故能胜物而不伤"。镜
之不伤，在其无累于物，但庄子只讲以理化情，对此点未加发
挥。宋儒却有很重要的发挥。程明道的《定性书》说："天地
之常，以其心普万物而无心；圣人之常，以其情顺万事而无

情。故君子之学，莫若廓然而大公，物来而顺应。"

宋儒解释此理，常举的例子是颜回"不二过""不迁怒"，能做到此地步，就是他能廓然大公，物来而顺应。如某人和他的太太打仗了，一生气连茶碗都摔了，就因为他未能廓然大公，物来顺应。王阳明说："七情不可有所著。"著即累，即七情不可有所累。讲《大学》"心有所忧患，则不得其正；心有所忿懥，则不得其正"，他注重在"所"字，一有所忧患忿懥，即是有了对象的累于物了，即有所苦了。如我们看人打别人的嘴巴，我们当时或亦忿懥，但事一过就完了。若有人来打我一个嘴巴，那就不同，我不但现在恨他，甚至什么时候想起来，什么时候恨，就是因为我的心有所累，我不能廓然大公，有我的存在，不能以人打我就像人打他人的态度处置之。所以人之有所累于物否，完全在于有我与无我的存在。以现在话说，就是客观的态度之有无。

廓然大公，的确对于人生幸福有莫大关系，对于一个人的事业成功，亦很重要。人常说的"旁观者清，当局者迷"，就是不能廓然大公，有我之存在，总是战战兢兢，患得患失，结果也许很糟。譬如我们现在在这平地上走，什么也不想，可是如果路的两旁都是阴沟，就要战惊起来，也许因为这一战惊就糟了，如果还像走平地一样的态度，本可以毫无问题地安然度过。所以大公无私，无我无己，若在道学家的旗牌约束下讲起来，很无味，但实在它们是对人生幸福有关系的。

知命

从义的观念，孔子推导出"无所为而为"的观念。一个人做他应该做的事，纯粹是由于这样做在道德上是对的，而不是出于在这种道德强制以外的任何考虑。《论语》记载，孔子被某个隐者嘲讽为"知其不可而为之者"（《宪问》）。《论语》还记载，孔子有个弟子告诉另一个隐者说："君子之仕也，行其义也。道之不行，已知之矣。"（《微子》）

后面我们将看到，道家讲"无为"的学说，而儒家讲"无所为而为"的学说。依儒家看来，一个人不可能无为，因为每个人都有些他应该做的事。然而他做这些事都是"无所为"，因为做这些事的价值在于做的本身之内，而不在于外在的结果之内。

孔子本人的一生正是这种学说的好例。他生活在社会、政治大动乱的年代，他竭尽全力改革世界。他周游各地，还像苏格拉底那样，逢人必谈。虽然他的一切努力都是枉费，可是他从不气馁。他明知道他不会成功，仍然继续努力。

孔子说他自己："道之将行也与？命也。道之将废也与？命也。"（《论语·宪问》）他尽了一切努力，而又归之于命。命就是命运。孔子则是指天命，即天的命令或天意；换句话说，它被看作一种有目的的力量。但是后来的儒家，就把命只当作整个宇宙的一切存在的条件和力量。我们的活动，要取得外在的成功，总是需要这些条件的配合。但是这种配合，整个地看来，却在我们能控制的范围之外。所以我们能够做的，莫过于一心一意地尽力去做我们知道是我们应该做的事，而不计成败。这样做，就是"知命"。要做儒家所说的君子，知命是一个重要的必要条件。所以孔子说："不知命，无以为君子也。"（《论语·尧曰》）

由此看来，知命也就是承认世界本来存在的必然性，这样，对于外在的成败也就无所萦怀。如果我们做到这一点，在某种意义上，我们也就永不失败。因为，如果我们尽应尽的义务，那么，通过我们尽义务的这种行动，此项义务在道德上也就算是尽到了，这与我们行动的外在成败并不相干。

这样做的结果，我们将永不患得患失，因而永远快乐。所以孔子说："知者不惑，仁者不忧，勇者不惧。"（《论语·子罕》）又说："君子坦荡荡，小人长戚戚。"（《论语·述而》）

关于真善美

有许多人把"真""善""美"三者，认为是一事，或混为一谈，常说：真的就是善的，就是美的；善的就是真的，美的，等等。这些说法，听着很好听，因为这三字本来都是说着好听的。但仔细想起来，这种说法究竟说些什么，实在很成问题的。

在中国原有言语里，所谓"真"有两义。例如我们说："这个桌子是真的"；我们亦说："报上的某消息是真的"。这两个"真"的意思不同。第一句话中所谓"真"，是对于一事物说；后一句话中所谓"真"，是对于一句话说。普通所谓真善美之"真"，是指"真理"而言，是后一句话中所谓"真"。

就普通所谓真善美说，"真"是对于一句话说的，"善"是对于一种行为说的，"美"是对于一种形象说的。

人不能凭直觉，知道某一句话是真，但知道某一个形象是美，则是专凭直觉的。人知道某一个行为是善，是不是专凭直觉，这是一个值得讨论的问题。

王阳明的"良知说"，就是主张专凭直觉，人即可以知道善知道恶。阳明说："知善知恶是良知，为善去恶是格物。"阳明亦说"致知"，但谓致知即是致良知，"知善知恶是良知"。人见一善的行为，不待思考而即感觉其是善；见一恶的行为，不待思考而即感觉其是恶。正如人见一美的事物，不待思考而即感觉其是美；见一丑的事物，不待思考而即感觉其是丑。《大学》说："如恶恶臭，如好好色。"阳明亦常引此言，以比喻良知。人于感觉一行为是善时，不但感觉其是善，而且对之有一种敬仰；于感觉一行为是恶时，不但感觉其是恶，而且对之有一种鄙视，犹如乎人见好色即自然好之，见恶臭即自然恶之。阳明以为人本来都能如此直接分别善恶。此"能"阳明谓之"良知"。人须先觉了他有"良知"，然后即注意于顺良知行。顺良知行即是致良知，即是致知，亦即是格物。

照这种说法，人对于道德价值的知识，是一种直接的知识，也可以说是一种直觉。有道德价值的行为，是依照某道德规律的行为。但人感觉一行为是善的，并不是因为他们先知其是依照某道德规律。他们并不必先将此行为加以分析，见其依照某道德规律，然后方感觉其是善的。法庭中，法官的判决是用此种方法得来，但人对于道德价值的感觉，则不是用此种方法得来。他们先感觉一行为是善的，依此感觉，他们即说它是善的。至于分析其行为是如何依照某道德规律，则是以后的事。人对于美的感觉，亦是如此。譬如人见一好画，而感觉其为美，他们并不是先将其加以分析，见其是依照某美学的规律，然后感觉其为美，而是一见即感觉其为美。依此感觉，他们即说，它是美的。至于分析它是如何依照某美学的规律，则是以后的事。此点若详加讨论，即到理在心外或理在心中的问题，此问题是理学、心学所争论的一个根本问题。置此问题不谈，而但说，人对于道德价值的知识，是一种直接的知识，也可以说是一种直觉。人都能有此种知识，此"能"是人的良知。若限良知于此义，则人有良知之说，是可以说的。有些人对于此点，尚有怀疑，请先释疑。

有些人以为，所谓"良知"如上所说者，不过人于某种社会制度内，所养成的道德习惯，在知识方面的表现。在某种社会内，某事是善的，但在别种社会内，某事或不是善的。人的良知，常以其社会所以为善者为善。例如以家为本位的社会，以女子守节为善。其中的人的良知，亦以女子守节为善。以社会为本位的社会，不以女子守节为善。其中的人的良知，亦不以女子守节为善。在此两种不同的社会中，对于此等事，人的良知所见不同。于此可知，良知的"知"是不可靠的。

于此我们说，照上文所说，良知只能知其对象，而不创造其对象。道德行为是依照道德规律的行为，道德规律，有些是某种社会的理所规定的，所以本可以不同。在某种社会内，某事本是善的。本是善的，而人的"良知"知之，并不是人的良知以为善，它才是善的。在某种社会内，某事本不必是善的。本不必是善的，而人的良知亦知之，并不是人的良知以为不必是善的，它才不必是善的。在以家为本位的社会中，女子守节，本是道德的行为；在以社会为本位的社会中，女子守节本不必是道德的行为。此种行为，本是如此，而人的良知知之。并不是人的良知以为此种行为是如此，而它才是如此。

有些人以为，所谓"良知"者，并不是自有人类以来，人本即有的；经过长时期"物竞天择"的演变，现在的人，才可以说是有良知。我们或可说"现在的人有良知"，而不可说"人有良知"。

此所说或是事实，但就义理说，说人有良知，则并不因有此事实而有不合。假定以前的人无良知，而现在的人有良知，也就是说，现在的人，更近于人之所以为人者，人类研究有了进步。这于说人有良知，并没什么妨碍。

照心学这一派的说法，人不但专凭直觉即可以知善知恶，而且只可以专凭直觉知善知恶；若对于直觉所知，另有考虑，则反而不能知善知恶了。对于直觉所知，另有考虑，心学一派的人，谓之用智。"用智"的弊，与"自私"同。程明道说："君子之学，莫若廓然而大公，物来而顺应。""人之情各有所蔽，故不能适道。大率患在于自私而用智，自私则不能以有为为应迹，用智则不能以明觉为自然。"（《定性书》）阳明以为良知所知，就是至善，他说："至善之发见，是而是焉，非而非焉，轻重厚薄，随感随应，变动不居，而亦莫不自有天然之中，是乃民彝物则之极，而不容少有议拟增损于其间也。少有拟议增损于其间，则是私意小智，而非至善之谓矣。"（《大学问》）这都是说，人只可以专凭直觉，知善知恶。

这并不是说，人只可以专凭直觉做事。直觉能使人知道什么事应该做或不应该做，不能教人知道什么事怎么做。知道什么事应该做以后，就去研究怎么做，这不是直觉所能知的。但这也不是道德判断了。

至于"真"，则我们不能专靠直觉而判定哪一句话是真的。有些人可以说，算学及逻辑中的最初定律，是"自明"的。所谓"自明"者，就是专靠人的直觉，就可以知道它是真的。此话也许不错，但即令此说是真的，也不过是只有这些定律是自明的而已。人还是不能专靠直觉就能算算学，演逻辑。至于关于实际事物的科学，例如化学、经济学等，更不是专靠直觉，即可以讲的。

我们可以说："真的话就是与事实相符的话"，我们也可以说："善的行为就是与社会有利的行为。"但关于美，我们只能说，"美是使人有某种感觉的形象"。

不过对于一句与事实相符的话，我们须先知其是与事实相符，我们才知道它是真的，但对于一种于社会有利的行为，我们不必想到它是于社会有利，而立时对于它即有崇敬爱慕之感。善恶的判断，可以专凭直觉者，其原因即在于此。

人不能专凭直觉说一句话是真，但可以专凭直觉说一行为是善，一形象是美。不过人可以离开人的感觉说善之所以为善，但不可以离开人的感觉说美之所以为美。这就是说，感觉并不是构成善的要素，但是构成美的要素。这是真善美的一个不同之点。

幸偶

人生中有不如意事，亦有如意事。诸不如意事中，有能以人力避免者（例如一部分之病），有不能以人力避免者（例如死）。诸如意事中，有能以人力得到者（例如读书之乐），有不能以人力得到者（例如腰缠十万贯，骑鹤下扬州）。其不能以人力避免或得到之不如意事或如意事，固为人之所无奈何；即其能以人力避免或得到者，亦有人不能避免、不能得到。其所以不能避免、不能得到者，亦非尽因其力不足，非尽因其所以避之或所以得之之方法不合。往往有尽力避不如意事而偏遇之，尽力求如意事而偏不遇之者；亦有不避不如意事而偏不遇之，或不求如意事而偏遇之者。范缜答竟陵王云："人之生譬如一树花，同发一枝，俱开一蒂，随风而堕，自有拂帘幌坠于茵席之上，自有关篱墙落于粪溷之侧。坠茵席者，殿下是也；落粪溷者，下官是也。"（《梁书》列传第四十二）王充云："蝼蚁行于地，人举足而涉之；足所履，蝼蚁苲死；足所不蹈，全活不伤。火燔野草，车辚所致，火所不燔，俗或喜之，名曰幸草。夫足所不蹈，火所不及，未必善也，举火行有，适然也。"（《论衡·幸偶篇》）人生有幸有不幸，正是如此。

在人生中，偶然的机遇（chance）颇为重要，凡大人物之所以能成大事业，固由于其天才，然亦由诸机遇凑合，使其天才得充分发展也。例如唐太宗，一大人物也。世之早夭者甚多，如唐太宗亦"不幸短命死矣"，则其天才即无发展之余地。彼又亲经许多战争，吾人所见昭陵前之石马，皆刻有箭伤，使唐太宗亦偶中箭而死，则其天才亦即无发展之余地。此不过举其大者；此外可以阻其成大事业者甚多，而皆未阻之。此唐太宗之所以如茵上之花，而为有幸之人也。天才与常人，其间所差，并不甚大。世上有天才之人甚多，特其多数皆因无好的机遇凑合，故不幸而埋没耳。在中国历史中，一大人物出，则其乡里故旧，亦多闻人。如孔子生于山东，于是圣庙中"吃冷猪肉"者，遂多邹鲁子弟。如近时曾国藩起，湖南亦人才辈出，极一时之盛。如此之类甚多，旧时说者多谓系出天意。其实人才随地皆有，一大人物出，又能造机会以使之发展其天才，故一时人物蔚起耳。此大人物何幸能得机遇凑合以成其为大人物！其他人物又何幸而恰逢此大人物所造之机会！总之皆偶然而已矣。

大人物之能成为大人物，固由于其所遇之幸，即普通人之仅能生存，亦不可谓非由于其所遇之幸也。男女交合，极多精虫，仅有一二幸而能与卵子结合而成胎。胎儿在母腹中，须各方面情形皆不碍其生长，十月满足，又经生产之困难危险，然后出世。自出世以来，即须适应各方面之环境，偶有不幸，则所以伤其身与其心者，如疾病、刑罚、刀兵、毁谤等，皆不招而自至。即以疾病一项而论，吾人终日，皆在与毒菌战争之中，偶一失手，败亡立见。其他诸端，亦复称是。庄子曰："游于羿之彀中，中央者，中地也；然而不中者，命也。"（《庄子·德充符》）吾人皆曰在"四面楚歌"之中，即仅能生存，亦即如未被足踏之蝼蚁，如所谓"幸草"矣。

吾人解释历史时，固不能不承认经济状况及地理等物质环境之影响，然若谓一切历史之转移，皆为经济状况等所决定，其中人物，全无关重要，则亦不对。吾人平常开一会议，其主席之能尽职与否，对于会议之进行，即有甚大关系。至于在政治上、社会上，或人之思想上，有大权威之人，其才智行为，岂可谓为对于历史无大关系？如清光绪帝之变法，因受慈禧太后之制而作罢。使慈禧不幸而早日即死，或幸而早日即死，光绪之维新政策得行，则中国今日之局面，当与现在所有者不同。说者或谓当时守旧之人甚多，即使无慈禧，他人亦必制光绪使不得维新。是亦固然。不过他人之制光绪，必不能如慈禧之制光绪；既不得如慈禧之制光绪，则中国现在之局面，当亦与现在所有者不同。故中国现在之所以至于如此，亦许多偶然的机会凑合使然。偶然的机会，在历史中亦颇占重要位置也。

说者又谓一事物之发生，必有一定的原因，故无所谓偶然。然吾人所谓偶然，与所谓因果律，并不冲突。假如一人正行之际，空中陨石，正落其头上，遂将其打死。吾人固可谓此人之行于此乃由于某原因，空中陨石亦有原因，皆非由于偶然。此吾人所不必否认。吾人所谓偶然的机会者，乃此陨石之恰落于此人头上也。此人之所以行于此地乃一因果系统，空中陨石又为一因果系统，此二因果系统乃必发生关系，此乃是偶然的也。

故吾人之求避免不如意事，或得到如意事，其成功或失败之造成，皆常受偶然的机遇之影响，故为吾人所不可必。换言之，即成功、失败之造成，皆受机遇之影响，而机遇又非吾人力之所能制。如深知此，则吾人于不能达所求之目的之时，亦可"不怨天，不尤人"，而省许多烦恼。此儒家所以重"知命"也。孟子曰："君子创业垂统，为可继也。若夫成功，则天也，君如彼何哉？强为善而已矣。"（《孟子·梁惠王下》）

论命运

　　世上有许多所谓"大哲学家"也谈命运，不过他们所谈的命运是指"先定"，既有"先定"，就有人要"先知"它，以便从中获利。例如预先知道某种物品将要涨价，就大量买进，便可赚钱；知道某种物品将要跌价，就去卖出，便不亏本。因此得大发其财，无怪"大哲学家"们都生意兴隆了。

　　其实"先定"是没有的，即使有，也无用先知。如果有先定的命，命中注定你将来要发财，到时自然会发财；命中注定你要做官，将来自然做官；命中注定了将来要讨饭，自然要讨饭。先知了也不能更改，不能转变，又何必要预先知道呢！

　　我说的"命运"和他们所说的不同。古人孔子、孟子等也谈命，如孔子说："知天命。"庄子说："知其不可奈何而安之若命。"孟子说："莫之为而为者，天也。莫之致而至者，命也。"荀子说："节遇之谓命。"我说的"命"就是他们所说的"命"。"莫之致而至"是不想它来而来；"节遇"是无意中的遭遇，这才是"命运"的真意。所以"命运"的定义就可说是一个人无意中的遭遇。遭遇只有幸和不幸，没有理由可说。譬如说现今的时代是伟大的，我"幸"而生在这时代；也有人说现今的时代是受罪的，我"不幸"而生在这时代。我们生在这时代可以说是幸或不幸，但我们为什么生在这时代，便没有理由可说。

命和运不同：运是一个人在某一时期的遭遇，命是一个人在一生中的遭遇。某人今年中了特种奖券，是他今年的"运"好，但是他的"命"好不好，还不一定，因为他将来如何尚不得而知。在一时期中幸的遭遇比不幸的遭遇多，是运好。在一生中，幸的遭遇比不幸的遭遇多，是命好。

普通所谓努力能战胜"命运"，我以为这个"命运"是指环境而言。环境是努力可以战胜的，至于"命运"，照定义讲，人力不能战胜，否则就不成其为"命运"。孟子说："知命者，不立乎岩墙之下。"如果一座墙快要倒了，你还以为命好，立在下面，因而压死，那是活该，不能算是知命。又如逃警报，有人躲在一个不甚安全的地方，不意炸死了，这是他的"命"不好，也是他的遭遇不幸。努力而不能战胜的遭遇才是命运。

人生所能有的成就有三：学问、事功、道德，即古人所谓立言、立功、立德。而所以成功的要素亦有三：才、命、力，即天资、命运、努力。学问的成就需要才的成分大，事功的成就需要命运的成分大，道德的成就需要努力的成分大。

要成大学问家，必须要有天资，即才。俗话说："酒有别肠，诗有别才。"一个人在身体机构上有了能喝酒的底子，再加上练习，就能成为一个会喝酒的人。如果身体机构上没有喝酒的底子，一喝就吐，怎样练习得会呢？作诗也是一样，有的人未学过作诗，但是他作起诗来，形式上虽然不好，却有几个字很好，或有几句很好，那种人是可以学作诗的，因为他有作诗的才。有的人写起诗来，形式整整齐齐，平仄合韵，可是一读之后，毫无诗味，这种人就不必作诗。一个人的才的分量是一定的，有几分就只有几分，学力不能加以增减。譬如写字，你能有几笔写得好，就只能有几笔写得好。学力只不过将原来不好的稍加润饰，使可陪衬你的好的，它只能增加量，不能提高质。不过诸位不要灰心，以为自己没有才，便不努力。你有才没有才，现在还不晓得，到时自能表现出来，所谓"自有仙才自不知"，或许你大器晚成呢！既有天才，再加学力，就能在学问上有成就。

至于事功的建立，则是"命运"的成分多，历史上最成功的人是历朝的太祖高皇帝。刘邦因为项羽的不行而成功，如果项羽比他更行，他绝不会成功。学问是个人之事，成功则与他人有关。康德成为大哲学家，并不因为英国没有大哲学家，而希特勒能够横行，却是英国的纵容和法国的疏忽所致。历史上有些人实在配称英雄，可是碰到比他更厉害的人，却失败了。

有的人原很不行，可是碰着比他更不行的人，反能成功，所谓"世无英雄，遂令竖子成名"，所以事功方面的成就靠命运的成分大。"卫青不败由天幸，李广无功缘数奇"，我们不应以成败论英雄。

道德方面的成就则需要努力，和天资命运的关系小，因为完成道德，不必做与众不同的事，只要就其所居之位，做自己应该做的事，尽伦尽职即可。人伦是社会中人与人之间的关系，一个人在社会上必须和别人发生关系，而且必须做事。能尽自己和别人的关系，做自己应该做的事，就是道德，和自己的地位高下、事业大小都没关系。不论何人，只要尽心竭力，对社会的价值是没有分别的。正如唱戏好的人，和所扮演的角色无关，梅兰芳登台，不一定饰皇后。地位很阔的人，不能尽伦尽职，是不道德。村夫野老能尽伦尽职，就是有道德。命运的好坏对于道德的完成，也没有关系。文天祥和史可法都兵败身死，可算不幸。但是即使他们能存宋救明，他们在道德方面的成就也不会再增加一些。他们虽然失败，道德的成就也不因之减少一些。不但如此，有的道德反要在不幸的遭遇下才能表现，如疾风劲草、乱世忠臣。孟子说："富贵不能淫，贫贱不能移"，终身富贵的人，最多能做到前者。做官发财是"求之有道，得之有命"，唯有道德是"求则得之，舍则失之"，做不做的全在自己。

有的人常常说我立志要做大学问家，或立志要做大政治家，这种人是可以失望的。因为如果才不够，不能成为大学问家；命运欠好，不能成为大政治家。唯立志为圣贤，则只要自己努力，一定可以成功。圣贤是道德的最完成者。普通人以为圣贤需要特别的在事功、文学方面的天才，那是错误的。孔子和孟子成为圣贤，和他们的才干没有关系。王阳明并不因为他能带兵而成贤人。所以学问的成就需要才，事功的成就需要幸运的遭遇，道德的成就只要努力。

人生成功之因素

一、三种因素——才、力、命

在人生成功的过程中，须具有三种因素，这三种因素配合起来，然后才可以成功。

（一）天才。我们人生出来就有愚笨、聪明的不同，而且一个人生出来不是白痴的话，一定会在一方面相当聪明，而这种生出来就具有的愚笨、聪明，无论什么教育家以及教育制度也不能使之改变。换句话说，教育功用只能使天赋的才能充分地发展，而不能在天赋的才能之外使之成功。这正如园艺家种植种子，只能使所种的种子充分生长，而不能在这种子充分生长之外使之增加。

（二）努力。无论在哪一方面成功的人，都要努力。如果非常懒惰，而想成功，正如希望苹果落在自己嘴里，一样的不可能。

（三）命。这命不是一般迷信的命，而是机会，也可以说是环境。如一个人有天赋才能，并且肯十分努力，但却仍须遇巧了机会。如果没有机会，虽然有天资、肯努力，也是"英雄无用武之地"了。提到机会、环境，常会有人说我们可以创造环境，争取机会，这当然是不错的。不过，创造环境，争取机会，却包括在努力之中，而这里所说的机会，乃指一人之力所不能办到的而言。

以上所说的三种因素，可以自中国旧日术语中用一个字来代表一下：天资可以用"才"字来代表；努力可以用"力"字代表；机会可以用"命"字代表。一个人要在某方面获得成功，必需得有相当的才、力与命。一提到命，恐怕会有误解。因为谈到命的时候太多，例如街头算命摆卦摊的谈命，旅馆住的大哲学家谈命，而这里所提到的命却与他们都不相同。在这里所提到的命，乃是中国儒家所谈之命，是与一般世俗所说的命不同的。

一般世俗所谈的命是天定的，就是我们人在生前便定下了一生的吉凶祸福。看相算卦可以知道人一生的吉凶祸福，我从来就不相信。

据我看，这些都是中古时代的迷信，无论是在哲学上或是在科学上都是不合理的。

孔子、孟子所讲的命并不是这个意思，儒家所讲的命，乃指人在一生之中所遭遇到的宇宙之事变，而且又非一人之力所可奈何的。再重述一下，创造环境，争取机会是属于努力那方面，与这里的命无关，不用再多论。现在还是讨论"命"字，我们人在一生中总会遭遇到非一个人力量所能左右与改变的宇宙之事变。比如说全面抗战，我们才获得最后的胜利。日本人来侵略我们，我们不得已起而抗战。这是非以一人之力所能改变的。更如现在世界战争虽然已经解决，然而仍有许多问题相继发生着。为什么我们生在这么个时代？为什么不晚生若干年，生在未来的大同世界中？此乃命。

以上才、力、命三者配合起来，三者都必要而不同具。也就是成功需要三者配合起来，没有时固不成，有了也不一定成。如同学考试加油开夜车，但也许考不及格。也就是不用功不能及格，而用功，也不一定及格！

这道理就是在逻辑学上所谓：必要而不同具。有些人常说不靠命，那么他又在说创造环境、争取机会了。不过我已重述过那是属于"努力"方面的。

说起命来，我们活这么大而不曾死了，命就算相当的好。我们要知道人死的机会太多了，在母胎中，也许小产，未出世就死去，这个人能成功不？幼童病死，有什么办法？我们经历了全面抗战，经过战争、轰炸以及流亡，如今仍能参加夏令营，我们的运气真好得不得了。

二、成功的种类与配合成分

以下我们讨论三者配合是否应该相等，也就是三者成分是不是应该每份都是33.3%。这回答却是不应相等，也不能相等，而是以成功的种类不同而每种成分各有不同。成功的种数不外有三：

（一）学问方面：有所发明与创作，如大文学家、大艺术家、大科学家，等等。

（二）事业方面：如大政治家、大军事家、大事业家，等等。

（三）道德方面：在道德上成为完人，如古之所谓圣贤。

以上列举的三方面，以从前的话来讲，也就是立德、立功、立言三不朽。学问方面的成功是立言，事业的成功是立功，道德方面的成功是立德。除三种之外，也就没有其他的成功了。因为这三种成功的性质的不同，所以配合的成分也就有了多寡。大致说来，学问方面"才"占的成分多，事业方面"命"占的成分多，而道德方面则是"力"占的成分多。

三、学问方面的成功

学问方面天才成分占得多。有无发明与创作是不只以得多少分数，几年毕业所能达成的。而且，没有天才，就是怎么用功也是无济于事。尤其艺术方面，更是如此。所谓"酒有别肠，诗有别才"。有些人致力于作诗，并做到十分的努力，然而他作出诗来，尽管合乎平仄，可是不是诗，那么，他就是没有诗的天资，但也许他在其他方面可以成功的。

四、事业方面的成功

事业方面，机会成分占得多。做学问，一人可以做到不需要别的人来帮助，而且做学问到很高深的时候，别人也帮不上忙。孔子作《春秋》，他的弟子们都帮不上忙。李白、杜甫作诗，也没有人能够给他们帮忙，我们更不能帮助科学家来发明。这大都需要他自己去做的。然而，在事业方面，并非一人之力所能达成：

（一）需要有许多人帮忙合作。如大政治家治政、大军事家用兵等。

（二）需要与别人竞争。如打仗有敌手，民主国家竞选总统需要有对手。

总结一句话，还是事业方面成功并非一人之力所能达成。如做一件事，需有多人帮忙，帮助他努力争取，同时，需要对手比他差，才能成功。

有时他成，可是遇到的对手比他更成，那时只好失败；有时他不成，可是遇到的对手比他还不成，那时他也能成功。我们从历史上来看，例子很多。比如项羽能力大，偏偏遇到的对手刘邦比他还高明，所以他只好失败。我们看看《垓下歌》：

"力拔山兮气盖世，时不利兮骓不逝，骓不逝兮可奈何，虞兮虞兮奈若何！""时不利兮"，他毫无办法。有些庸才偏偏成功，史册上很多，不胜枚举。

现在让我提一个故事，纪晓岚《阅微草堂笔记》有这么一段记载：有一个棋迷，有时赢，有时输。一天他遇到神仙，便问下棋有无必赢之法。神仙说是没有必赢之法，却有必不输之法。棋迷觉得能有必不输之法，倒也不错，便请教此法。神仙回答说，不下棋，就必不输。

这个故事讲得很有道理。一切事，都是可以成功，可以失败，怕失败就不要做。自己棋高明，难免遇到比自己更高明的对手，则难免失败；自己棋臭，也许遇上比自己棋还臭、臭而不可闻的对手，这时便也可成功。其他事业也是如此。

五、道德方面的成功

道德方面，努力成分占得多。只要努力，不需要天才，不需要机会，只靠大步努力便能在道德方面成为完人。这是什么道理呢？也就是为圣为贤需如何？很简单，只有"尽伦"。所谓"伦"即是人与人的关系。从前有"五伦"：君臣、父子、夫妇、兄弟、朋友。现在不限定五伦。如君臣已随政体的变动而消失。不过人与人的关系却是永远存在。例如现在称同志，也是人与人关系的一种。为父有其为父应做之事，为子有其为子应做之事，应做的就是"道"。所谓君有君道，臣有臣道，父有父道，子有子道，也就是每个人都有他所应做的事。做到尽善尽美，就是"尽伦"。用君臣父子尽其道来比喻，名词虽旧，但意思并不旧。如果以新的话来讲，就是每个人应站在他的岗位上，做他应做的事。

那么，为父的应站在为父的岗位上做为父应做的事，为子的应站在为子的岗位上做为子应做的事，等等。所以名词新旧没有什么关系，只要意思不旧即可。我们不能为名词所欺骗。有许多人喜欢新名词，听到旧名词君尽君道、臣尽臣道等，立刻表示不赞成。若有人以同样意思改换新名词，拍案大声说："每个人应该站在他的岗位上，做他应做的事。"于是他便高高兴兴地表示赞成了。

道德方面的成功并不需要做与众不同的事。而且，"才"可高可低，高可做大事，低可做小事，不论他才之高低，他只要在他的岗位上做到尽善尽美，就是圣贤。所以道德方面的成功不一定要在社会上占什么高位置，正如唱戏好坏并不以所扮角色的地位高低为转移。例如梅兰芳，并不须扮皇后，当丫鬟也是一样。再者，道德方面的成功也与所做的事的成功、失败无关。道德行为与所做之事乃两回事，个人所做之事不影响道德行为的成功。如文天祥、史可法所做的事虽然完全失败，但他们道德行为的价值是完全成功的。更进一步来说，文天祥、史可法如果成功，固然是好，但所做的事成功，对他们道德行为的价值并不增加，仍不过是忠臣；同时，他们失败，对他们道德行为的价值也不减少，仍不失为忠臣。因此道德方面的成功不必十分靠天才，也不十分靠机会，只看努力的程度如何。努力做便成功，不努力做便不成功。这种超越天才与机会的性质，我们称它为"自由"，是不限制的自由，并不是普通所说的自由。"人皆可以为尧舜"，就是这个意思。不过我们不能说，"人皆可以为李杜"或"人皆可以为刘邦、唐太宗"。诸位于此，会发生两个误会：

（一）道德上成功与天才、机会无关，那么自己不管自己天资如何，同时，也不必认真做自己所做的事，只要自己道德行为做到好处就成了。不过这是错误的。一个人如文天祥、史可法做事，尽心尽力到十二分，则虽失败，亦不影响其道德方面的成功，但他们不尽心尽力，失败同非忠臣，成功也属侥幸，因为他们的"努力"程度影响了他们道德方面的成功。

（二）立德、立功、立言三者划分，实际上乃为讲解方便，其实立德非另外一事，因为立德是每个人做其应做之事，当然立言的人在立言之时可以立德，立功的人在立功之时也可以立德，每个人随时随地都可立德，所以教育家鼓励人最有把握就是"人皆可以为尧舜"，因此立德与立言、立功是分不开的。

第二章　哲学与人生

哲学与人生

　　人生哲学一名词，近在国内，非常流行；但其意义，究竟何若？所谓人生哲学者，其所研究之对象为何？其所以别于伦理学者安在？其中派别有几？吾人讲人生哲学，应取何法？凡此及类此诸问题，俱应先讨论。

　　欲明何为人生哲学，须先明何为哲学。但关于何为哲学之问题，诸家意见，亦至分歧。本书篇幅有限，势难备举众说，今姑将个人意见，约略述之。

　　人生而有欲，凡能满足欲者，皆谓之好。若使世界之上，凡人之欲，皆能满足，毫无阻碍；此人之欲，彼人之欲，又皆能满足而不相冲突；换言之，若使世界之上，人人所谓之好，皆能得到而又皆不相冲突，则美满人生，当下即是，诸种人生问题，自皆无从发生。不过在现实世界，人所认为之好，多不能得到而又互相冲突。如人欲少年，而有老冉冉之将至；人欲长生，而人皆有死。又如土匪期在掠夺财物，被夺者必不以为好；资本家期在收取盈余，劳动者及消费者必不以为好。于是此世界中，乃有所谓不好；于是此实际的人生，乃为甚不满人意。于是人乃于诸好之中，求唯一的好（即最大最后的好）；于实际的人生之外，求理想人生，以为吾人批评人生及行为之标准。而哲学之功用及目的，即在于此。故哲学者，求好之学也。

哲学家中有以哲学即是批评人生者，美国哲学家罗耶斯（J.Royce）说：哲学，在其字之根本意义，不是僭妄的努力，欲以超人的灼见，或非常的技能，解释世界之秘密。哲学之根源及价值，在批评地反省人之所为；人之所为是人生；对于人生之有组织的、彻底的批评，即是哲学（见罗耶斯《近代哲学之精神》第1-2页）。此以哲学为人生批评。不过批评人生，虽为哲学之所由起，及其价值之所在，但未可因此即谓哲学即是批评之自身。凡批评之时，吾人（一）必先认所批评者为有不满意、不好、不对之处；（二）必先有所认为满意，所认为好，所认为对者，以为批评之标准。不然，则批评即无自起，即无意义。即如鲁迅《风波》中之九斤老太"常说伊青年的时候，天气没有现在这般热，豆子也没有现在这般硬；总之现在的时世是不对了"。伊以现在的时世为不对，必有伊所认为对者。伊虽未曾具体地说明何者为对，但至少我们可知，对的天气必不是这般热，对的豆子必不是这般硬，对的小孩必重九斤。伊所认为对者，即是伊的批评之标准。我故意借此戏论，以证我的庄语；因由此可见，即最不经意的批评，亦皆涵有批评之标准；至于正式的、严重的批评，必待批评之标准，更为易见。布鲁台拿斯（Plotinus）说：若对于好没有一种知识，则此是不好之话，即不能说（全集英译本第745页）。老子说："天下皆知美之为美，斯恶矣；皆知善之为善，斯不善矣。"（《道德经》第二章）此言虽不错，但吾人亦可以说：天下皆知恶之为恶，斯美矣；皆知不善之为不善，斯善矣。九斤老太知天气之这般热为不善，则天气之非这般热之为善，已可概见，此即一例，余可类推。

由此可见，凡若使批评可能，则必先有一批评之标准，此标准必为批评者所认为之理想的，至其果为实际的与否，则无大关系。所谓理想有二义：（一）最好至善之义；（二）最高观念之义。例如柏拉图《共和国》所说之圣王政治，即是其所立之理想的标准，以批评当时政治者。此圣王政治就其自体方面言，即柏拉图所认为之理想政治，最好至善之政治；就人之知识方面言，则即柏拉图之政治理想，对于政治之最高观念。凡此皆以眼前之对象为不满意，不好，不对，而以其所认为满意，所认为好，所认为对者为标准，而批评之。至于批评人生，亦复如是。吾人若以实际的人生为不好而批评之，则必有所认为之好人生，以为批评之标准。此好人生，就其自体方面言，即是理想人生，最好至善之人生；就人之知识方面言，即是人生理想，对于人生之最高观念。人生理想，即是哲学。所以批评人生，虽为哲学之所由起及其价值之所在，但批评之自身未即是哲学，而批评之标准方是哲学也。

杜威先生谓哲学乃所以解决人生困难；此与以上所说，正相符合。实际的人生所以不满人意，正因其有困难。理想人生正是人之一种生活，于其中可以远离诸苦。故哲学，就一方面说，乃吾人批评人生之标准，就又一方面说，亦乃吾人行为之标准。人之举措设施，皆所以遂其欲，所以实现其所认为之好。理想人生是最好至善的人生，故人之行为，皆所以实现其所认为之理想人生，其所持之哲学。"贪夫殉财，烈士殉名，夸者死权，众庶凭生"，此四种人之行为不同，正因其所认为之理想人生有异。

问：人人既皆有其理想人生，有其哲学，则何以非人人皆哲学家？

答：普通人虽皆有其理想人生，有其哲学，但其哲学多系从成说或直觉得来。哲学家不但持一种哲学，且对其哲学，必有精细的论证，亦应有系统的说明，所谓其持之有故，其言之成理。哲学家与普通人之区别，正如歌唱家与普通人之区别。人当情之所至，多要哼唱一二句；然歌唱家之唱，因其专门的技术，与普通人之唱固自不同。故普通人虽皆有哲学，而不皆为哲学家。

柏拉图说：

天上盖有如此之国（理想国）之模型，欲之者可见之，见之者可身遵行之。至于此世界果有或果将有如此之国否，则为彼有见者所不计，盖彼必将依如此之国之律令以行，而非此不可矣。（《共和国》第 592 节）

哲学与人生之关系，亦复如是。

论信仰

最近接到一位朋友的信，上面说：

"现在有一个从你的著作中还没有找到解答的问题，请你解答。在你的著作中，都是由理智的立场立论的。你没有谈过信仰（或是信心），譬如抗战必胜的信心。这信心表现着力量，是不是也合理呢？蔡元培先生《理智与迷信》一文，主张合理地去信，很嫌笼统。最近从几篇文章中，知道科学是有限制的。万象森然的理，是没有人可以全知的，未来事件的偶然，是没有人可以完全把握的，理智在这里只凭科学，得不到一切事的结论。所以抗战必胜，根据科学，不可以证明。但是人可以凭信心把握未来的偶然，用信心补足成功条件。信心之为力量，也是常识上可知道的事，所以依据理智超越理智的信心，是有它的价值的。所以死守科学的结果是不信。违反理智的信心是迷信，只有不反理智而超越理智的信心，才算是理信。"

　　以上是这位朋友所提出的问题，关于这个问题，我也稍微讨论过一点，在《新理学》第九章第五节里，我说："过去的事物是尝然，尝然不可变；将来的事物是或然，或然不可测。所谓不可测者，即不能预知或预定其是如何也。具体的个体的事物之成为若彼或若此，其中皆有偶然之成分。所以关于具体个体的事物之命题，皆不能是必然命题。事物一成既往，则一定而不可变。但将来之事物，则可如此，亦可如彼，其果将如此或将如彼，不能有理论以证明其必然。我们皆信明天有太阳，明天不是地球末日，但不能有理论以证明其必然是如此，所以将来的事物是或然，或然者不可测。"在这里我提到"我们相信"，我以为信心的应用，应该只限于这一方面。

　　未来的个体的事物，将是如何如何，我们不能完全预知。这并不是由于科学的知识的限制，也不是由于没有人对于万象森然的理没有全知。假定科学进步到完全的进步，假定有人对于万象森然的理全知，未来的个体的事物的如何如何，仍是不可测。因为理是类的理，科学中的理论，也都是关于类的理论。我们就是有理论可以证明"凡人皆有死"，我们还不能预先知道张三将来怎样死，或什么时候死。

　　将来的事不可完全预知，但我们现在的行动，却须假定将来是如何如何。例如我们不能完全确定明天是不是地球末日，但我们的现在的行动，须假定明日不是地球末日。若有怀疑论者，问我们有什么理由，假定明天不是地球末日，我们不能举出完全的理由。所以对于明天不是地球末日，我们一部分是靠信。诸如此类的信，我们需要的很多，例如拿起馒头来，我相信吃了不会中毒。见了朋友，我相信他不会拿刀杀我。我们日常生活中，靠这种信的地方很多。若没有这种信，我们简直不能生活。

不过这种信，我们称之为合理的信，因为这种信仍是以理智为根据的。假使有人相信明天是地球末日，他今天就准备等死。他相信馒头内有毒，他不敢吃。他相信每人都要杀他，他不敢见人。我们要想用理论完全证明他的信是错误的，是很不容易的，不过他的信我们说是不合理的信，有这种信的人，我们称他为疯子。我们所以如此说，因为我们虽不能用理论完全证明明天不是末日，也不能完全证明明天是地球末日，但我们可以用理论证明，明天不是地球末日的可能性，比明天是地球末日的可能性，大得多。所以我们说，信明天不是地球末日是合理的，信明天是地球末日是不合理的。我们可以说，明天不是地球末日，是超越理论的证明，但不能说是超越理智。信必是超越理论的证明，因为如果是理论可以证明的，那就不叫信了。但合理的信不超越理智，因为它是以理智为根据的。合理的信的所信，必是可能的。我们决定什么是可能，什么是不可能，是以科学为根据的，我们的所信的可能性愈大，则我们的信即愈为合理。

近来看见有一篇小说，说一个人听牧师说，人相信什么，就能什么。这个人就想，我相信我能飞，他这么一信，他果然就飞入天空，好像一只小鸟。这小说，大概是挖苦说信仰就是力量的人。我们不能说信仰不能发生力量。威廉·詹姆士常说："比如两个人跳一个沟。一个人相信他能跳过，他一跳果然跳过；一个人不相信他能跳过，迟疑瞻顾，一跳果然就掉在沟里了。"这可以说是信仰发生力量。但是合理的信，所发生的力量，才有成功的可能；不合理的信，虽也可以发生力量，但是这种力量，不会使我们成功。譬如一个人相信他能跳过太平洋到美国，如果他真信，他也许真跳，但是他如果跳，他必落在水中。这是无可疑的。

所谓抗战必胜者，严格地说，应该是说"若果如何如何，抗战可以胜"。这个若果如何，也是要以理智为根据的。若不以理智为根据，则或如庚子年的义和团。他们相信符咒可以挡着枪炮，这个信仰，虽也发生力量，但是这个力量，成事不足坏事有余。

至于有些人以为，我们既相信抗战必胜，那大概一定是胜的了，于是，在那里，专等胜利的果实，掉在他嘴里，或甚至于做妨碍抗战的事，以为抗战既然必胜，我就妨碍它也是无关紧要的。这不是说笑话，我们现在大部分人所做的事，都是这一类的，他们并不了解抗战可以胜的条件，而只信抗战必胜，那就是不合理的信，不合理的信就会有这种恶果。

论悲观

近来常听见有些青年说：他们对于人生抱悲观；他们觉得人生没有意义。有位青年说："人落入悲观中后，似乎不能再从其中跳出来。"他几次想努力用功，振作上进，但是他又几次觉得一切都没有意思。读书也没有意思。结果他懊悔自己不该思索人生意义问题。他反去羡慕那些多动少思的同学。很有些人想知道人生的意义是什么，很有些人"思索人生意义问题"。在思索不得其意义的时候，很有些人即对于人生抱悲观。

人生的意义是什么？这个问题是不能直接答复的。在未回答"人生的意义是什么"这个问题之先，我们须先问：这个问题是不是成为问题？

我们问某一个字或某一句话的意义是什么。此所谓意义，即是指对于某一个字或某一句话的解释。例如我们不知某一个字的意义，我们查字典，在字典中可以得到某一个字的解释。

我们不知某书中某一句的意义，我们看注疏，在注疏中我们可以得到某一句话的解释。这是所谓意义的一个意义。

我们还常问某一件事的意义是什么。此所谓意义是指此事所可能达到的目的。例如我们问：这次中日战争的意义是什么？我们可以说，这次中日战争的意义，就中国说，是中国民族求解放，求自由平等，就日本说，是日本民族求独占东亚。这都是就这次中日战争所可能达到的目的说。我们可以说，一件事必须对于它所可达到的目的，方可说是有意义或无意义。若只就一件事的本身说，我们不能说它是有意义或无意义。一件事所可达到的目的，即是这一件事的"所为"。有些事有"所为"，有些事没有"所为"。我们可以问：修滇缅铁路，所为何来？可以问：修滇缅铁路的意义是什么？但我们不能问：有西山所为何来？不能问：有西山的意义是什么？我们可以问：中日打仗所为何来？我们还可以问：求自由平等所为何来？但如有人答：求自由平等，为的是求幸福，我们即不能问，求幸福所为何来？没有人为打仗而打仗，所以打仗的所为或意义是可以问的。但人都是为幸福而求幸福，所以求幸福的所为或意义是不可问的。这是就所谓意义的另一意义说。每一个字每一句话都必要有意义。如没有意义，那一个字即不成其为字，那一句即不成其为话。但并不是每一件事都要有意义。没有意义的事亦不一定即是不值得做的事。如求幸福即可以说是没有意义的事。但求幸福并不是不值得做的事。

于此我们必须分别"没有意义"的两个意义。一个人做一件事，他本想以此达到一目的，但实不能以此达到之。我们说这件事没有意义。例如日本取"谣言攻势"，想以谣言达到某种目的，而实则没用。我们说这种攻势没有意义，这是没有意义的一个意义。就这个意义说，没有意义的事是不值得做的事。但有些事，并不是有所为而为者，对于这些事，我们不能问其"所为何来"，不能问其有意义或无意义。这些事亦可说是没有意义，这是没有意义的另一意义。就这一意义说，没有意义的，不一定是不值得做的事。

照以上所说，我们可知，"人生的意义是什么"，恐怕是个不成问题的问题。人生是一件事，这一件事并不是有目的的，说它不是有目的的，并不是说它是盲目的，无目的的，而是说它是无所谓有目的的或无目的的。人生中的事是有所谓有目的的或无目的的。我们可以问：结婚的目的是什么，读书的目的是什么？但人生的整个，并不是人生中的事，而是自然界中的事，自然界中的事，是无所谓有目的的或无目的的，我们不能问：有人生"所为何来"，犹如我们不能问：有西山"所为何来"，所以"人生的意义是什么"，是一个不成问题的问题，犹如"西山的意义是什么"，是一个不成问题的问题。

不成问题的问题，是不能有答案的。有些人问这个问题而见其不能有答案，遂以为人生是没有意义的。又不知"没有意义"有不同的意义。有些人以为凡没有意义的事都是不值得做的，遂以为人生亦是不值得生的。照我们的说法，人生诚可谓没有意义，但其没有意义是：所说"没有意义"之另一意义，照此说法，人生所以是没有意义者，因为它本身即是目的，并不是手段，人生的本身，不一定是不值得生的。

不过这一理论，对于有一部分抱悲观的人，恐怕不能有什么影响。因为有一部分抱悲观的人，并不是因为求人生的意义而不得，才抱悲观，而是因为对于人生抱悲观，才追问人生的意义。庄子说："忘足，履之适也。"一个人的脚上若穿了很适合的鞋，他即不想到他的脚，他若常想到他的脚，大概他的脚总有点什么毛病。在普通情形下，一个人既没有死，只是生下去而已，他若常想到他的生，常想到所谓人生的意义，大概他的"生"中，总有点什么毛病。

我们叫图书馆的人到书库里找书，如找不到我们所要找的书，他出来说"没有"。所谓没有者，是没有我们所要找的书，并不是一切书皆没有。但我们常因我们所注意的事情没有，而觉得或以为，一切皆没有。例如说到一个地方的贫乏时，我们说"十室九空"。其实一个房子中，即使只剩四壁，也不能说是空的，至少空气总要充满其中。一个人在他的生活中，总有些事使他失望，所谓失望者，即他本欲以此事达到某目的，而其实不能达到。本欲以此事达到某目的，而其实不能达到，此事即成为无意义。若果这个失望是很深刻的，即可觉得或以为，人生中一切事都是无意义的，因此他即对于人生抱悲观了。

对于这一部分人，专从理论上去破除他的悲观，是不行的。抱悲观的人，须对于他以往的经历，加以反省，看是不是其中曾经有使他深刻失望的事。在他过去的经历中，使他最深刻失望的事大概即是使他对于人生抱悲观的原因。知道了他所以对于人生抱悲观的原因，他的悲观即可以减轻。人若戴了一副灰色的眼镜，他看见什么都是灰色的。但他若知道他是戴了灰色的眼镜的时候，他至少可以知道，他所看见的什么，本来不一定都是灰色的。

一个对于人生抱悲观的人，能用这一点工夫，再知"人生的意义是什么"是一个不成问题的问题，大概他的悲观，总可以破除一大部分。

调情理

旧说常以理与情相提并论。如说某人说话，说得合情理，在情理，或不合情理，不在情理；某人说话，说得入情入理。此所谓情，大概是我们现在所谓情形之情，亦正是我们在《新理学》中所谓势。此所谓理，是客观的情或势中所表现的道理或原则。话说得合情理，或在情理，或入情入理者，这话可以是真的。但其不合情理，或不在情理者，一定是假的。合情理或在情理的事，可以有而不必有。但不合情理，或不在情理的事，一定不能有。

我们于本篇所谓理，虽亦有上面所说的理的意义，但所谓情，则不是上面所说的情。道家常说以理化情，或以情从理。本篇所谓情理，是此所谓情理。本篇所讨论的问题，亦正是这一类的问题。

此所谓情，即我们现在所谓情感之情。此所谓理，则意义比较复杂。此所谓理，有时指上文所说情或势中所表现的道理，有时指对于此等道理的知识或了解，有时指我们能有此等知识或了解的官能，即我们所谓理智。照道家的说法，我们如能以理化情，或以情从理，则我们自己即可以无情。我们如能循理而动，则别人对于我们的行动，亦可以无情。后者所谓理，是指上文所说情或势中所表现的道理。前者所谓理，是指我们对于此等道理的知识或了解。

先就以理化情或以情从理说。照道家的说法，情起于人对于事物的不了解。例如一小儿走路，为一石所绊倒，此小儿必大怒而恨此石。但一成人为一石所绊倒，则并不怒，不恨此石，或虽略有怒，但并不恨此石。其所以如此者，因小儿对于此石无了解，以为此石有意和他捣乱，所以恨之。而成人对石有了解，知石是无知之物，绝不会有意与他捣乱，所以并不恨之。不恨石则其怒亦减，或即可无怒。

成人对于事物的了解，虽比小儿高，但其了解仍是部分的，所以仍有时不能无情。对于宇宙及其间的事物，有完全的了解者，则即可完全的无情。其所以无情者，并不是冥顽不灵，如所谓槁木死灰，或土块然，而是其情为其了解所化，即所谓以理化情也。此所谓化，如冰雪融化之化。情与理遇，即如冰雪与日光遇，不期融化而自然融化。《世说新语》谓王戎说："圣人忘情，最下不及情，情之所钟，正在我辈。"冥顽不灵，如槁木死灰或土块者，是亦无情也。不过其无情是不及情。若圣人之无情，是其情为理所化，是超过情而非不及。此即所谓太上忘情。

　　庄子常举死为例，以见圣人之忘情。因为死是最能使人动情的，如对于死不动情，则对于别事，自亦可不动情。《庄子·大宗师》说，子舆有病，子祀往问之，子祀说："且夫得者时也，失者顺也，安时而处顺，哀乐不能入也。此古之所谓悬解也。"生为得而死为失。在某情形下，一个人可有生，此某种情形，只于一时有，所以称为时。由生而之死，此时顺乎自然，所以称为顺。了解"生者时也"则无乐，了解"死者顺也"则无哀。有此了解，即无哀乐，所谓"哀乐不能入也"，亦即所谓无情也。有情者为情所苦，如被悬吊起来。有情者为情所苦，得到解放，如悬解然。所以说："此古之所谓悬解也。"小说中侠义之流亦常说："大丈夫生而何欢，死而何惧。"不过侠义之流之为此言，似出于意气，而非出于了解。出于意气者，其解放是暂时的；出于了解者，其解放是永久的。

　　《庄子·至乐》篇说：庄子于其妻始死之时，亦觉慨然，后则鼓盆而歌。郭象注云："未明而概，已达而止。斯所以诲有情者，将令推至理以遣累也。"此所谓明，所谓达，都是我们所谓了解之义。对于死所有的悲哀，即是累，亦即《养生主》所说遁天之刑。天是天然。由生而之死，是顺自然，亦即是顺天然。有生而不愿死，是欲自天然中逃出，此即所谓遁天。遁天者必受刑，即其于悲哀时所受之痛苦是也。郭象说：

"驰骛于忧乐之境，虽楚戮未加，而性情已困，庸非刑哉？"悲哀时所有的痛苦，亦即是累。若了解生必有死的道理，则即可以无累。此所谓"明至理以遣累"也。

对于理有了解者，则对于事不起情感。对于事不起情感，即不为事所累。对于某事不起情感，即不为某事所累。例如我们于空袭时，虽处在很安全的地方，而总不免于怕。此即为空袭所累。确切地说，我们不足为空袭所累，而是为怕空袭所累也。更有人于无警报时，亦常忧虑警报之将来，他的累即更大。他的累不是警报，而是忧虑警报。对于忧虑警报的人，我们可以说，虽警报不来，而"性情已困"矣。

对于理有了解，而不为事所累者，普通谓之"看得破"。对于某理有了解，而不为某事所累者，普通谓之对于某事看得破。对于事看得破，普通谓之达观；能对于事看得破者，普通谓之达人。此所谓达，均是了解之义。

照道家的说法，能对于所有的事都看得破，则即可以完全无情。《庄子·德充符》说：圣人"有人之形，无人之情""所谓无情者，不以好恶内伤其身"。好恶可以内伤其身，此即所谓刑也，亦即所谓累也。何晏谓"圣人无喜怒哀乐"，大概即就道家的圣人的此方面说。我们所须注意者，即此所谓无情，皆是太上忘情，不是其下不及情。

《庄子·应帝王》说："至人之用心若镜，不将不迎，应而不藏，故能胜物而不伤。"郭象说，用心若镜，是"鉴物而无情"。普通人对于事未免有情，故有将有迎，而为其所累。为其所累，即为其所伤，如所谓"黯然神伤"是也。例如一个人怕空袭，于未有警报时，常忧虑警报之将至。这种忧虑，即所谓迎。迎者，事未到而预先忧虑也。及警报已解除，而惊魂未定，闻汽车喇叭声，即以为警报又至，此即所谓将。将，送也，事已去而恐惧之心未去，如送已去之事然。此亦即是所谓藏，藏者留于中也，若对于事有如此的将迎，则必为事所累，所伤。若能用心如镜，即可如郭象所说："物来乃鉴，鉴不以心。故虽天下之广，而无劳神之累。"鉴不以心，即是说鉴物而无情。

不为事所累者，并不是不做事，只是做事而不起情感。我们说不怕空袭，不是说，于空袭时，不尽可能躲避。亦不是说，对于避空袭，不尽可能做准备。只是说，既已尽可能做准备了，既已尽可能躲避了，不必再有无益的恐惧。这无益的恐惧，是最能伤人的。有人说，空袭不要紧，但是怕空袭的怕，叫人受不了。普通人所受的情之累，都是这些怕之类。

道家的圣人，完全无情，所以无人而不自得。《庄子·齐物论》说："至人神矣，大泽焚而不能热，河汉冱而不能寒，疾雷破山，飘风振海，而不能惊。"正是说此境界。郭象以为，能至此境界的人，可以"应物而不伤"，所以可以"终日挥形，而神气无变；俯仰万机，而淡然自若"。此虽或是一不可及的理想，但一个人若能没有无益的情感，则可少受许多累，多做许多事，这是真的。

我们常说，一个人"沉着气"或"沉不着气"。所谓沉不着气，即其人为一时的情感所制也。如一个人闻警报而张皇失措，我们说他沉不着气，此即其为恐惧之情所制也。如一人闻一可喜的事，而手舞足蹈，我们说他沉不着气，此即其为喜之情所制也。公孙丑问孟子："夫子加齐之卿相，得行道焉，……如此，则动心否乎？"此即是问，你那时是不是可以沉住气？孟子说："我四十不动心。"此即是说，我于四十岁时，即对事能沉着气了。人如沉不着气，即不能做事。如沉不着气，而勉强做事，必出岔子。

郭象说："终日挥形，而神气无变；俯仰万机，而淡然自若。"这是晋人的一个理想。在晋人中，最近于此理想者，是谢安。史说：苻坚伐晋，"是时秦兵既盛，都下震恐。谢玄入，问计于谢安。安夷然答曰：'已别有旨。'既而寂然。安遂命驾出游山墅。亲朋毕集，与玄围棋赌墅。安棋常劣于玄，是日玄惧，便为敌手而又不胜"。及淝水战胜，"谢安得驿书，时方与客围棋，摄书置床上，了无喜色，围棋如故。客问之，徐答曰：'小儿辈遂已破贼。'既罢，还内，过户限，心喜甚，不觉屐齿之折"。谢安处理大事，没有无益的喜惧。他很能沉着气，不过"不觉屐齿之折"，也就有点沉不着气了。

对于事物有了解者，能宽容。老子说："知常容，容乃公。"常者，事物变化所遵循之理也。知常的人，知事物之变化，系遵循一定的理，其如此系不得不然，故对于顺我的事物，不特别喜爱，对于逆我的事物，不特别怨恨。此即所谓知常容也。对于顺我或逆我的事物，皆无特别的情感，此即所谓容乃公也。人虽是人，而其行为亦系受一定的规律所支配。如环境遗传等，皆对于一个人的性格行为，有很大的影响。如知一个人的性格行为，系受其环境遗传等的影响，则对于人可以有很大的宽容。对于顺我或逆我的人，皆可无特别的喜爱或怨恨。如此对于任何人、任何事，皆可一秉大公，对于任何人、任何事，皆无所私。此所谓大公无私。大公无私，是王者对于万民的态度，是天地对于万物的态度，是道对于天地的态度。所以说："知常容，容乃公，公乃王，王乃天，天乃道。"此道理可以终身行之，所以老子又说："道乃久，没身不殆。"

老子又说："是以圣人常善救人，故无弃人，常善救物，故无弃物，是谓袭明。"老子说："知常曰明。"袭明者，即知常而依照此知以行也。知常的人，对于人既皆能容而公，则对于善人固救之，对于不善人亦救之，故无弃人。对于善物固救之，对于不善物亦救之，故无弃物。在旧日社会中，人对于犯罪的人，皆特别地怨恨。旧日的刑法，对罪人取报复主义，"以眼还眼，以牙还牙"。但现代的法律，则不对于罪人取报复主义。依照现代法律的最高理想，社会应设法感化罪人，使其归于善。此即是"善救人"。依旧日的刑法，"刑人于市，与众弃之"。依现代法律的最高理想，不但不"与众弃之"，而且简直不弃之。此即所谓"无弃人"。

老子又说："报怨以德。"在表面上看，此与基督教所谓"爱你的仇敌"者，意义相同。不过老子这一句话的理论的根据，与基督教不同。知常的人，对于逆我的人，并无特别怨恨，所以待之与顺我的人，并无分别。这并不是所谓弱者的道德，这是对于事物有了解者的道德。老子并不主张："如有人打你左颊，你把右颊送上去。"老子并不主张这种"不抵抗主义"。如有人打老子，老子亦当加以抵抗，不过虽抵抗之而并不恨之。在现代战争中，优待俘虏，正与老子"报怨以德"之义相合。

真正了解物质史观或经济史观的人，亦可有如此所说的老子的见解。照他们的看法，人的行为，是为他的经济环境所决定的。一个人若是一个资本家，他为他自己的利益，必须剥削劳工。一个人若是一个工人，他为他自己的利益，必须反抗资本家。正如"矢人惟恐不伤人，函人惟恐伤人"。矢人并不是生来即比函人坏，函人亦并不是生来即比矢人好。他们的所见所行不同，完全是由于他的经济环境使然。他们都是人。就其是人说，他们都是一样的人。他们的所见所行不同，是因为他们是"什么样的人"不同。管家的太太们在一起，都以她们的老妈子不好为谈资。老妈子在一起，都以她们的太太不好为谈资。这都是因为当太太的与当老妈子的，利益冲突的关系。矢人与函人，资本家与工人，太太与老妈子，都是"易地则皆然"。明白了这个道理，则当太太的，虽仍可以监察她的老妈子，但可以不恨之。当工人的，虽仍可以反抗他们的雇主，但亦可以不恨之。有人说，人必须对于他们的敌人有恨有怒，然后可以打击他们的敌人。事实上虽或是如此，但不是必须如此。我们于修路的时候，有大石挡路，则移去之，或打碎之，并不必要先恨大石。小儿或先恨大石，而后移去之，或打碎之。这是由于他对于大石不了解。成人对于人之不了解，诚亦有如小儿之不了解大石。所以对于不了解人的人，往往亦须先引起其对于敌人的恨，然后可使之打击敌人。

以上说，对于事物有了解的人，应付事物，可以自己无情。此即所谓以理化情，或以情从理。从另一方面说，一个人若能循理而动，则别人对之，亦可无情。所谓循理而动者，即是循客观的道理以做事，而不参以自己的私心。一个人如能如此做事，则别人对之，亦可无情。《庄子·大宗师》说："故圣人之用兵也，亡国而不失人心。利泽施乎万世，不为爱人。"郭象注说："夫白日登天，六合俱照，非爱人而照之也。故圣人之在天下，暖焉若阳春之自和，故蒙泽者不谢；凄乎若秋霜之自降，故凋落者不怨。"不谢不怨，即别人对之无情也。《庄子·达生》又说："复仇者不折镆干。虽有忮心者，不怨飘瓦。"郭象注说："干将镆铘，虽与仇为用，然报仇者不事折之，以其无心。飘落之瓦，虽复中人，人莫之怨者，由其无情。"无心及无情，在这里意思是一样。如一个人对于某人做某事，其做某事并不是特意对某人如此，而只是"循理而行"，则此一个人的行为，即是无心无情的行为。此某人对于此一个人，亦不起情感。例如一个法官，一生可以判处许多人以死刑。如他所判，都是依照法律，不得不然的，则被判死刑的人，对于他并不起怨恨之情。但如一个法官，因受贿而判处一人死刑，或此法官向来判处从宽，而独对此一人从严，则此法官对于此人，即是有心置之死地，此法官的行为，即是有心有情的行为，而此人对于此法官，一定要起情感，一定要怨恨之。

以上所说道家的意思，晋人常用之以讲佛学。僧肇有《般若无知论》。般若译言智。僧肇以为圣人"终日知而未尝知"。"智有穷幽之鉴，而无知焉；神有应会之用，而无虑焉。神无虑，故能独王于世表；智无知，故能玄照于事外。智虽事外，未始无事；神虽世表，终日域中。所以俯仰顺化，应接无穷。无幽不察，而无照功。""斯则不知而自知，不为而自为矣。复何知哉？复何为哉？"不知而自知，不为而自为，即是知而无心无情，为而无心无情。此即所谓"寂而恒照，照而恒寂"。

慧远作《明报应论》，亦云："若彼我同得，心无两对，游刃则泯一玄观，交兵则莫逆相遇，伤之岂惟无害于神，固亦无生可杀。此则文殊按剑，迹逆而道顺。虽复终日挥戈，措刃无地矣。若然者，方将托鼓舞以尽神，运干戚而成化，虽功被犹无赏，何罪罚之有耶？"照佛家的说法，一切事物，皆由心造。如一人常杀生，或常有杀生之心，则此人将来，必将转生为好杀生的畜生，如豺虎狼豹之属。这并不是有阎王主宰判罚，而实是他的心思行为所自然引起的结果。他的心思行为名曰业。心思是意业，行为是身业，还有口说是口业。不仅只杀生的行为是业，即口说要杀生，心想要杀生，亦即是业了。业所引起的结果，名曰报，或报应。有业必有报，这是佛家的定律。但照慧远所说，则无心无情的行为，可以不招报应。如一法官，虽判了许多死刑，如一大将，虽杀了许多敌人，但他们并不是有意于杀生，更不是有意于杀某人的生。所以他们是虽杀而无杀。所谓"伤之岂惟无害于神，固亦无生可杀"。既是虽杀而无杀，所以虽杀亦无罪罚。

这是把上面所说的道家的意思，推广到极端。庄子及郭象说，无情者无论做何事，皆可以无累。此无累只是就个人的心理情形，或其行为之社会结果说。例如庄子丧妻之"未明而概，已达而止"，止则无累。此无累是就个人的心理情形说。如飘瓦不为人所怨，不为人所怨则无累。此无累是就其行为之社会结果说。但慧远所说无报应，则是就宇宙论方面说，所以慧远所说，是上所说道家的意思的极端的推广。

以上说道家关于这方面的学说，在这学说中，有些意思，是人人都可以实行的。不过关于圣人完全无情一点，尚有二问题。第一问题是：圣人的完全无情，是不是好的？此所谓好即是可欲的意思。圣人的完全无情，是不是可欲的？我们于上文说，道家的圣人，并不是如槁木死灰。此是说，圣人的无情，是忘情，而不是不及情。这是就其所以无情说。就无情的结果说，圣人的完全无情，亦与槁木死灰不同。圣人于完全无情时，其心理的状态，庄子以恬愉二字形容之。《庄子·在宥》篇说："昔尧之治天下也，使天下欣欣焉人乐其性，是不恬也。桀之治天下也，使天下瘁瘁焉人苦其性，是不愉也。人大喜耶？毗于阳；大怒邪？毗于阴。""使人喜怒失位，居处无常，思虑不自得，中道不成章。"此所谓乐与苦，喜与怒，都是情，而恬愉不是情，或不是道家所谓情。成玄英说："恬，静也；愉，乐也。"愉虽亦可训为乐，但此乐与与苦相对之乐不同。苦乐喜怒，在我们心中，都是一种强烈的动荡。在这种动荡之中，人不能思想，也不能做事。所谓"思虑不自得，中道不成章"。但恬愉则不是一种动荡，而是一种静的状态。有情的人，心中常如波浪起伏。而圣人无情，其心中如无波浪的水。程子说："圣人心如止水。"正是说此状态。此状态是静的，可以说是恬。此状态使人有一种静的乐。此静的乐即所谓愉。恬愉是可欲的。所以圣人的完全无情，是可欲的。

或可说：有些人喜欢有激烈的情感，喜欢心中有特别的动荡。所以有些人特意找强烈的刺激，如开快车、喝烈酒之类。他们都是想在强烈的刺激中，得些强烈的情感。这些人是有的。不过他们的这一种行为，并不能说是合理性的行为。吸鸦片，打吗啡，都是这一类的行为，其不合理性是显而易见的。

或又可说：喜欢有太激烈的情感，固然是不合理性的，但有情感亦是使人生丰富的一端，恬愉虽亦是可欲的，但人若一生中只是恬愉，则其一生，亦未免太觉单调。譬如清茶，有与烈酒不同的味，其味亦是可欲的，这是不错的。但人若一生中只饮清茶，则亦未免太觉清淡。有人因此，对于人生抱悲观。因为人如有情，则不免为情所累，人若无情，其生活又似乎没有多大的意味，这一点似乎是一问题。不过如照下文所说，宋明道学家所说的办法，则此问题即不成问题。

第二问题是：完全无情，在事实上是否可能？在中国哲学史中王弼以为是不可能。裴松之《三国志注》谓："何晏以为圣人无喜怒哀乐，其论甚精。钟会等述之，弼与不同。"王弼说："夫明足以寻幽极微，而不能去自然之性。颜子之量，孔父之所预在。然遇之不能无乐，丧之不能无哀。又常狭斯人，以为未能以情从理者也。而今乃知自然之不可革。""以情从理"，是上所述道家的学说。王弼初亦以为然，后乃以为，情系出于自然之性，是不能完全没有的，所以虽圣人亦不能无情。不过照王弼的看法，"圣人之情，应物而无累于物"。圣人不是无情，而是有情而不为情所累。道家以有情为累，以无情为无累。王弼以有情而为情所累为累，以有情而不为情所累为无累。这是王弼与原来的道家的大不同处。王弼对于圣人无情的批评，是很有力的。人之有情，确是出于自然之性。要想完全无情，虽不敢说是一定不能做到，但不是人人皆能做到，这是可以说的。

宋明道学家都主张，圣人有情而不为情所累之说。他们虽不见得是取此说于王弼，其持此说与王弼同，则系事实。照此说，人可以有情而同时不为情所累。此说有道家所说"以理化情"的好处，但没有上述二问题的困难。

程明道《定性书》说："天地之常，以其心普万物而无心；圣人之常，以其情顺万物而无情。故君子之学，莫若廓然而大公，物来而顺应。"此亦说无情，不过此所谓无情，并不是道家所说的无情。此所谓无情，是有情而无"我"。亦可说是，虽有情而情非"我"有。

王阳明《传习录》："问有所忿懥一条。先生曰：'忿懥几件，人心怎能无得？只是不可有耳。凡人忿懥，着了一分意思，便怒得过当，非廓然大公之体了。故有所忿懥，便不得其正也。如今于凡忿懥等件，只是个物来顺应，不要着一分意思，便心体廓然大公，得其本体之正了。且如出外见人相斗，其不是的，我心亦怒。然虽怒，却此心廓然，不曾动些子气。如今怒人，亦得如此，方才是正。'"阳明此所举之例甚好。我若见一人无缘无故，打别人一个嘴巴，我心中必因此人之恃强欺人而怒。不过此怒，没有"我"的成分在内，是没有私意的。因此我的心是廓然大公的。其有怒是"物来顺应"，其有情是"情顺万物"。我们说，有情而无"我"，正是说此。这样的怒，是很容易消失的。于见此事时有怒，但此事已过，我心中即复归于平静。如太空中虽一时有浮云，但浮云一过，太空仍是空空洞洞的。此即所谓情顺万物"而无情"。如此则虽有情而不为情所累。但如一人无缘无故，打我一个嘴巴，我不但因此人之恃强欺人而怒，而且因为他是打"我"，因此我不但于当时怒，而且对于此人，时常"怀恨在心"，无论什么时候，想起此人，总想打他一个嘴巴。如此，则我即有"所"怒。"所"怒即打我之人。我所以有"所"怒，即因我于此的怒，有"我"的成分在内，是有私意的。有"我"的成分在内时，我的心即不是廓然大公，而应物亦不是物来顺应了。我因时常对于此人，"怀恨在心"，想起即怒。此即是不能情顺万物而无情，即有情而为情所累了。如有人打我一个嘴巴，而我的心境，亦能如看此人打别人时所有的心境，则当时虽有怒，当时虽亦可还他一个嘴巴，但事后，我的心即仍归平静。如此则虽有怒而不为怒所累。

《定性书》又说："圣人之喜，以物之当喜。圣人之怒，以物之当怒。是圣人之喜怒，不系于心而系于物也。"如见一人，无缘无故，打别人一嘴巴，而我怒，此怒之有，是因物之当怒，此怒是系于物。但如别人打我一嘴巴，我时常怀恨在心，此恨即是系于心了。圣人之喜怒，不系于心而系于物，所以圣人不迁怒。迁怒者，即因怒此物而及彼物。如一人因一事发怒，而摔茶碗，骂听差，即是迁怒。孔子说：颜回"不迁怒，不贰过"。宋儒认为，不迁怒是颜回几于圣人的表现。伊川《语录》："问：'不迁怒，不贰过，何也？《语录》有怒甲不迁乙之说，是否？'曰：'是。'曰：'若此则甚易，何待颜氏而后能？'曰：'只被说得粗了，诸君便道易。此莫是最难？须是理会得因何不迁怒。如舜之诛四凶，怒在四凶，舜何与焉？盖因是人有可怒之事而怒之，圣人之心，本无怒也。譬如明镜，好物来时，便见是好；恶物来时，便见是恶；镜何尝有好恶也？世之人固有怒于室而色于市。且如怒一人，对那人说话，能无怒色否？有能怒一人而不怒别人者，能忍得如此，已是煞知义理。若圣人因物而未尝有怒，此莫是甚难？君子役物，小人役于物。今人见有可喜可怒之事，自家着一分陪奉他，此亦劳矣。圣人心如止水。"若能因物之可怒而怒之，可以不迁怒，这是不错的。但如谓，因能因物之可怒而怒之，则虽有怒，而无怒，则其说恐有困难。阳明亦说，忿懥等不能无，而却不可有；亦是伊川此说。此说虽用明镜之喻，但其喻是不恰当的。因明镜本身不能有喜怒，而人则能有喜怒，所以不可相提并论。如说，见四凶之可怒而"去"之，圣人本无怒，此是可说的，而亦即是道家所说者。如说，见四凶之可怒而"怒"之，圣人本无怒，此本无怒，如无别的意思，则这一句话恐怕是不通的。若欲这一句话讲得通，此无怒须解为无"所"怒。朱子《语录》云："问：'圣人恐无怒容否？'曰：'怎生无怒容？合当怒时，必亦形于色。如要去治那人之罪，自为笑容，则不可。'曰：'如此则恐涉及忿怒之气否。'曰：'天之怒，雷霆亦震。舜诛四凶，当其时亦须怒。但当怒而怒，便中节，事过便消了，更不积。'"黄干云："未怒之前，鉴空衡平。既怒之后，冰消雾释。"如此的怒，正是有怒而无"所"怒。

有怒而无"所"怒，则其怒即无所着。如一人无缘无故打我一嘴巴，我因而怒，并时常对此人怀恨。此即有"所"怒，此怒即有所着。此人打我一嘴巴之事，是随时即成过去，而此人则不能随时即成过去。所以此人如成为我之"所"怒，我之怒如着在此人身上，则此事虽过，而我心中亦常留一怒，如此则我的怒即不能"冰消雾释"，而我的心亦不能如"鉴空衡平"矣。伊川说："罪己责躬不可无，但亦不当长在心胸为悔。"朱子亦说："既知悔时，第二次莫恁地便了。不消得常常放在心下。"悔过本是好事，但既悔过，改之可矣。若心中长存一悔，即是有"所"悔，其悔即是有所着。有所着之悔亦是累。

照以上所说，可知如能有情而无"我"，则虽有情而不为情所累。程子说："人能放这一个身，公共放在天地万物中，一般看。则有甚妨碍？"能把自己放在天地万物中，与万物一般看，则"我"的成分，可以去掉。一人打我一嘴巴时，我的心境，正如我看此人打别人一嘴巴。如此则我虽有怒，而不为怒所累。

伊川又说："忿懥,怒也。治怒为难,治惧亦难。克己所以治怒,明理所以治惧。"克己即去所谓"我"的成分也。其实明理亦可以治怒,克己亦可以治惧。此于上所说道家学说中可见之。"知常容。"此明理可以治怒也。"天下之大患,为吾有身,及吾无身,吾有何患?"此克己可以治惧也。

无"我"的成分之怒,不至于使人心理上起非常剧烈的变化。有些人于生气时,可以气得浑身打战,满脸发青。这怒总是有"我"的成分在内。一个人在街上,看见不平的事,虽亦怒,但"事不干己",绝不至于怒到这种地步。"事不干己"的怒,并不使一个人,在整个的心理及生理方面,有非常剧烈的变化。程子所谓无情,所谓圣人心如止水,大概是就此点说。情之使人在整个的心理及生理方面,起非常剧烈的变化者,如把一池清水,从底搅起。不如此剧烈的情,则对于人心,如水上起了些波纹。在这种情形下,人还是能沉着气的。阳明所说"不动些子气",大概亦是就沉着气说。在这种情形下,有情虽亦是动,而仍不害心如止水。由此方面,程明道说:"动亦定,静亦定。"

心不可有所着,对事说亦是如此。朱子《语录》谓:"李德之问:'明道因修桥寻长梁,后每见林木之佳者,必起计度之心。因语学者,心不可有一事。某窃谓:凡事须思而后通,安可谓心不可有一事?'曰:'事如何不思?但事过则不留于心可也。明道肚里有一条梁。不知今人有几条梁柱在肚里。佛家有留注想。水本流将去，有些渗漏处便留滞。'"事过而不留，即是心对于事无所着。心中之事，过而不留，所以心常能如鉴之空，大概能担当大事的人，都必须能如此。例如一个当大首领的人，每天不知要办多少事。如事已过者，都还要留住心里，他即没有余力去办未来的事了。有些人因为对于有些未来的事，放心不下，或对于过去的事，追悔不已，以致寝食不安。若当大首领的人，亦是如此，他不但不能办事，恐怕他的性命，亦不能长保。所以即就做事方面说，心对于事亦须无所着。

欲与好

凡人皆有欲。欲之中有系天然的，或曰本能的，与生俱来，自然而然；如所谓"饮食男女，人之大欲存焉"；此等欲即天然的欲也。欲之中又有系人为的，或曰习惯的，如吸烟饮酒，皆得自习惯；此等欲即人为的欲也。凡欲之发作，人必先觉有一种不快不安之感，此不快不安之感，唤起动作。此动作，若非有特别原因，必达其目的而后止；否则不能去不快之感而有快感。此动作之目的，即动作完成时之结果，即是所欲，即欲之对象也。当吾人觉不快而有活动时，对于所欲，非必常有意识，非必知其所欲。如婴儿觉不快而哭入母怀，得乳即不哭，食毕即笑。当其觉不快而哭时，对于其所欲之乳非必有意识也。所谓本能或冲动，皆系无意识的；皆求实现，而不知何为所实现者，亦不知有所实现者；皆系一种要求，而不知何为所要求者，亦不知有所要求者。若要求而含有知识分子，不但要求而且对于所要求者，有相当的知识，则此即所谓欲望。冲动与欲望，虽有此不同，而实为一类。今统而名之曰欲。人皆有欲，皆求满足其欲。种种活动，皆由此起。

近来国中颇有人说，情感是吾人活动之原动力。然依现在心理学所说，情感乃本能发动时所附带之心理情形。"我们最好视情感为心理活动所附带之'调'（tone）而非心的历程（mental process）。"（A. G. Tansley：*The New Psychology*第1版第36页）情感与活动固有连带之关系，然情感之强弱，乃活动力之强弱之指数（index），而非其原因也。

凡欲必有有所欲，欲之对象，已如上述。此所欲即是所谓好；与好相反者，即所谓不好。所欲是活动之目的，所欲是好。柏拉图及亚里士多德皆以好是欲或爱之对象，能引起动而自身不动；活动即所以得可爱的好；"凡爱好者，皆欲得之"。此两大哲学家盖皆有见于人生而为此说，又即以之解释宇宙全体。以此解释宇宙全体，诚未见其对；若只以之说人生，则颇与吾人之意见相合也。

哲学家中，有谓好只是主观的者。依此所说，本来天然界中，本无所谓好与不好，但以人之有欲，诸事物之中，有为人所欲有者，有为人所欲去者，于是宇宙中即有所谓好与不好之区分，于是即有所谓价值。如生之于死，少之于老，本皆人身体变化之天然程序，但以人有好恶，故生及少为好，死及老为不好。又在中国言语中，人有所欲，即为有所好。此动词与名词或形容词之好为一字。人有所不欲，即为有所恶。此动词亦即与名词或形容词之恶为一字。如云："如恶恶臭；如好好色。"由此亦或可见中国人固早认（或者无意识的）好恶（名词或形容词）与好恶（动词）为有密切的关系矣。但哲学家中，亦有谓好为有客观的存在者。依此所说，好的事物中，必有特别的性质，为非好的事物所无有者；若非然者，此二者将无别矣。此特别的性质，即是好也。依吾人之见，好不好之有待于吾人之欲，正如冷热之有待于吾人之感觉。故谓其为主观的，亦未为错。但使吾人觉好之事物，诚必有其特别性质，正如使吾人觉热之物之必有其特别性质。此等特别性质，苟不遇人之欲及感觉，诚亦不可即谓之好或热，但一遇人之欲或感觉，则人必觉其为好或热。宇宙间可以无人，但如一有人，则必以此等性质为好或热。故此等性质，至少亦可谓为可能的好或热也。若以此而谓好为有客观存在，吾人固承认之；若对于所谓好之客观的存在，尚有别种解释，则非吾人所能知矣。至于柏拉图所谓好之概念，则系一切好之共相，为思想之对象。当与别种概念，一例视之。

性善与性恶

　　哲学家常有以"人心""道心"，"人欲""天理"对言。性善性恶，亦为中国几千年来学者所聚讼之一大公案。我以上专言欲，读者必以为我是个"不讲理的戴东原"（胡适之先生语），专主"人欲横流的人生观"（吴稚晖先生语）了。我现在把我的意思申言之。

　　我以为欲是一个天然的事物，它本来无所谓善恶，它自是那个样子。它之不可谓为善或恶，正如山水之不可谓为善或恶一样。后来因为欲之冲突而求和，所求之和，又不能尽包诸欲，于是被包之欲，便幸而被名为善，而被遗落之欲，便不幸而被名为恶了。名为善的，便又被认为天理；名为恶的，又被认为人欲。天理与人欲，又被认为先天根本上相反对的东西，永远不能相合。我以为除非能到诸欲皆相和合之际，终有遗在和外之欲，因之善恶终不可不分。不过若认天理人欲为根本上相反对，则未必然。

现在我们的道德及种种制度，皆曰在改良。若有一个较好的制度，就可得到一个较大的和；若所得到之和较大一分，所谓善就添一分，所谓恶就减一分，而人生亦即随之较丰富，较美满一分。譬如依从前之教育方法，儿童游戏是恶，在严禁之列，而现在则不然。所以者何？正因依现在之教育方法，游戏也可包在其和之内故耳。假使我们能设法得一大和，凡人之欲，皆能包在内，"并育而不相害"，"并行而不相悖"，则即只有善而无恶，即所谓至善；而最丰富最美之人生，亦即得到矣。至于人类将来果能想出此等办法，得到此等境界与否，那是另一问题了。

才命

世界上，历史上，凡在某方面有大成就的人，都是在某方面特别努力的人。古人说："业精于勤。"人没有不勤而能精于某业的。一个大诗人，可以懒于修饰，但他不能懒于作诗。如果懒于作诗，他绝不能成为大诗人。不过我们不能反过来说，一个人如勤于作诗，他必是大诗人，或必能成为大诗人。勤于作诗是成为大诗人的必要条件，但不是其充足条件。这就是说，一个人如不勤于作诗，他绝不能成为大诗人，但只勤于作诗，他亦不必即能成为大诗人。就"业精于勤"说，不勤者必不能精于某业，但勤者亦未即能精于某业。

一个人的努力，我们称之为力，以与才与命相对。力的效用，有所至而止。这是一个界限。这一个界限，是一个人的才与命所决定的。一个人的天资，我们称之为才。一个人在某方面的才的极致，即是他的力的效用的界限。到了这个界限，他在某方面的工作，即只能有量的增加，而不能有质的进益。

一个诗人能成为大家，或能成为名家；一个画家的画，能是神品，或能是能品，都是他的才所决定的。一个诗人的才，如只能使其成为名家，则他无论如何努力作诗，无论作若干首诗，他只是名家，不是大家。一个画家的才，如只能作能品的画，则他无论如何努力作画，无论作若干幅画，他的画总是能品，不是神品。

在某方面有大成就的人，都是在某方面特别努力而又在某方面有天才的人。天才的才，高过一般人之处，往往亦是很有限的。不过就是这有限的一点，关系重大。犹如身体高大的人，其高度超过一般人者，往往不过数寸。不过这数寸就可使他"轶伦超群"。若在稠人之中，举首四望，他确可以见别人所不能见。再就此譬喻说，一个在生理上可以长高的人，必须得有适当的培养，然后他的身体才可充分发育。但一个人，如在生理上本不能长高，则无论如何培养，他亦只能长那么高。人的才亦是如此。

才是天授，天授的才须人力以发展完成之。就此方面说，才靠力以完成。但人的力只能发展完成人的才，而不能增益人的才。就此方面说，力为才所限制。人于他的才的极致的界限之内，努力使之发展完成，此之谓尽才。于他的才的极致的界限之外，他虽努力亦不能有进益，此之谓才尽。

力与命

人的力常为人的才所限制。人的力又常为人的命所限制。就所谓命的意义说，才亦是命。就所谓命的此意义说，命是天之所予我者。才正可以说是天之所予我者，所以可以说，才亦是命。此所谓命，是所谓性命之命。不过我们此所谓命，不是此意义的命。我们此所谓命，是指人的一生的不期然而然的遭遇，是所谓运命之命。

一个人生活，必生活于某特殊情形之中。此某特殊情形，就是他的环境。此所谓特殊，是个别的意思，并不是特别奇异的意思。此所谓情形，包括社会在某时某地的情形，以及物质的世界在时间中的某一时，在空间中的某一点的情形。一个人生活于某时某地，社会的情形，在其时其地，适是如此。一个人生活于时间中的某一时及空间中的某一点，物质的世界的情形，在其一时，其一点，亦适是如此。这各方面的适是如此，即是此人的生活的整个的环境。此整个的环境中，有绝大的部分，不是他的才及力所能创造，亦非他的才及力所能改变。他的遭遇，不期然而然，适是如此。此种遭遇，谓之命。孟子说："莫之致而至者，命也。"荀子说："节遇谓之命。""节遇"是就其遭遇适是如此说。"莫之致而至"是就其非才及力所能创造及改变说。

命是力之所无可奈何者。庄子说："达命之情者，不务知之所无奈何。"又说："知其不可奈何，而安之若命。"正是说命的此方面。一个人的环境，有些部分可以是他自己所造成者，既是他自己所造成者，所以其环境的这些部分，并不是由于不期然而然的遭遇，其至亦不是莫之致而至。所以他的环境的这些部分，都与他的命无干。例如一个人任情挥霍，以致一贫如洗，他的贫是"自作自受"，不能归之于命。但一个人的房子，忽为邻居起火延烧，或于战时为敌机炸弹所中，他因此一贫如洗，他的贫则可归之于命。

　　一个人的环境，有些部分是他的力所能改变者。他的环境的这些部分，亦与他的命无干。人须竭尽其力以改变其环境。如于尽其力之所能以后，仍有不期然而然的遭遇，此种遭遇才是命。例如战时于有空袭警报时，一个人在其职务所许，能力所及之范围内，须竭力设法躲避。如已竭力躲避而仍不能免于祸，此受祸可以归之于命。如他不设法躲避而受祸，则其受祸亦是"自取其咎"，不能归之于命。

无可奈何的命

　　人所遭遇的环境，其既非他自己的才及力所能创造，亦非他自己的才及力所能改变者，始是所谓不期然而然，莫之致而至，始是所谓"不可奈何"。既是如此，则他对于其然其致，并不能负责，虽并不能负责，而其生活却受其影响。例如汉朝的冯唐，于文帝时，他年尚少，而文帝喜用老成人，因此他不能升官。及到武帝时，他年已老，而武帝又喜用年少有为之士，因此，又不能升官。这些情形，对于他说，都是不期然而然，莫之致而至，而又非他的才及力所能改变者。他的遭遇，适是如此。他的此种遭遇，即是他的命。

此所谓命，与世俗所谓命不同。若照世俗所谓命的意义，则我们的说法，正可以说是"非命"。世俗所谓命，是先定的。冯唐不能升官，是他的生辰八字或骨相，先决定其是如此，即令文帝喜用年少有为之士。武帝喜用老成人，他亦是必定沉于下僚的。我们所谓命，则正是与先定相反的。我们所谓命，只是人的适然的遭遇。未遭遇以前，其遭遇可以如此，可以不如此。既遭遇以后，对于有此遭遇，他自己既不能负责，亦不能确定说有何人可以负责。《庄子·大宗师》记子桑之言说："父母岂欲吾贫哉？天无私覆，地无私载，天地岂私贫我哉？求其为之者而不得也。然而至此极者，命也夫！""求其为之者而不得"，正是不能确定说何人可以负责。

人所遭遇的环境，其利于展其才及施其力者，谓之顺境。相反的环境，谓之逆境。一个人遭遇顺境或逆境，事前既未先定，事后亦只有幸不幸可言。其幸者谓之有好运好命，其不幸者谓之有坏运坏命。运指一人于一生中的一部分时间中的遭遇，命指一人于一生中的全部时间的遭遇。一生亦可以说是一时，所以命亦称时命。一人于一生中的一部分时间的遭遇，如幸多于不幸，我们说他的运好；如不幸多于幸，我们说他的运坏。一人于一生中的全部时间内，如其好运多于坏运，我们说他的命好；如其坏运多于好运，我们说他的命坏。

命与才及力是相对待的。普通常说，与命运奋斗。此所说的意思，大概是说与环境奋斗。环境的有些部分，是可以力改变的。但无论所谓命是世俗所谓命的意义，或我们所谓命的意义，命是人所只能顺受，不能与斗的。在历史及文学家的作品中，往往有有奇才异能的人，在不可预期的遭遇下，失败或身死。项羽《垓下歌》："力拔山兮气盖世，时不利兮骓不逝。骓不逝兮可奈何，虞兮虞兮奈若何。"项羽的失败，是不是完全由于"时不利"，我们不论。不过此歌所咏，则正是此一类的遭遇。在此等遭遇中，最可见力及才与命的对待。

四种人生境界中才与命的不同

人都受才与命的限制。但在道德境界及天地境界中的人，在事实上虽亦受才与命的限制，但在精神上却能超过此种限制。

在自然境界中的人，不知其受才的限制。他顺才或顺习而行，对于其行为的目标，并无清楚的觉解。他的才所不能做的事，他本来不做。他本来不做，并不是因为他"知难而退"，而是因为他本不愿做，亦本不拟做。《庄子·逍遥游》说：大鹏"水击三千里，抟扶摇而上者九万里，去以六月息"，"蜩与学鸠笑之曰：'我决起而飞，枪榆枋而止，时则不至，而控于地而已矣，奚以之九万里而南为？'"大鹏"非冥海不足以运其身，非九万里不足以负其翼"，所以虽欲不高举远飞而不可得。小鸟的才，本来只能"决然而起，数仞而下"，所以亦虽欲不"枪榆枋"而不可得。"决然而起，数仞而下"，是大鹏的才所不能做的。高举远飞，亦是小鸟的才所不能做的。不过大鹏本来不打算"决然而起，数仞而下"。小鸟亦本来不打算高举远飞。在自然境界中的人，本来不打算做其才所不能做的事，亦正是如此。他若是顺才而行，则"行乎其所不得不行，止乎其所不得不止"。虽不得不行，却并非被外力所迫而行，虽不得不止，亦并非被外力所迫而止。于行时他本不欲不行，亦本不用力以求不行。于止时他本不欲不止，亦本不用力以求不止。他的力之所至，总是他的才之所及。所以他本不知他的力受才的限制。他亦可是顺习而行。顺习的事，大概都是一般人的才所能做的事。一般人的才所能做的事，人做之大概不致超过他的才的所限。所以做之者大概亦不知其力受才的限制。

在功利境界中的人，知其受才的限制。在功利境界中的人，其行为都有自觉的目的。其目的都是求利。求利都要"利之中取大"，都要取大利。利之是大是小，是比较的，相对的。囊空如洗的人，以得到数百元为大利。及有数百元，又以得到数千元为大利。及有数千元，又以得到数万元为大利。如是"既得陇，又望蜀"，无论得到多么大的利，他总觉前面还有更大的利未得。

他求大利，可以说是"如形与影竞走"。形与影竞走，形总有走不动的时候。人继续求大利，总有求不得的时候。求不得，如不是由于命穷，即是由于才尽。如其是由于命穷，他感到他受命的限制；如其是由于才尽，他感到他受才的限制。

在道德境界中的人，在精神上不受才的限制。在道德境界中的人，其行为皆是行义的，以尽伦尽职为目的。人有大才，做大事，可以尽伦尽职；有小才，做小事，亦可以尽伦尽职。一个人的才的大小，及其所做的事的大小，与一个人的能尽伦尽职与否，是无干的。在道德境界中的人，以尽伦尽职为其行为的目的。无论他的才是大是小，他总可用力以达到这种目的。所以他在精神上不受才的限制。

在道德境界中的人，在精神上不受才的限制，又可从另一方面说。在道德境界中的人，觉解有社会之全，觉解他是社会的一分子。他是无私的。他固愿社会中有有大才者，但不必愿有大才者必是他自己。他固愿社会中有许多大事业得以成就，但不必愿其必是"功成自我"。阳明说："唐虞三代之世"，"天下之人，熙熙皞皞，皆相视如一家之亲。……故稷勤其稼，而不耻其不知教，视契之善教，即己之善教也；夔司其乐，而不耻于不明礼，视夷之通礼，即己之通礼也。""人之有技，若己有之；人之彦圣，其心好之，不啻若自其口出。"唐虞三代之人，是否如此，我们不论。但在道德境界中的人，则正是如此。在功利境界中的人，是自私的。见别人的才，愈比他自己的高，则他愈愤恨。见别人的成就，愈比他自己的大，则他愈嫉妒。于此等时，他感到他受才的限制的痛苦。在道德境界中的人，视别人的才，如其自己的才，视别人的成就，如其自己的成就。所以知其才或成就，不及别人，他亦不感到受才的限制的痛苦。

在天地境界中的人，没有受才的限制，与不受才的限制的问题。于前数章中，我们已说明，圣贤并不必做特别与众不同的事，学圣贤亦无须做特别与众不同的事。在别的方面，圣贤亦不必有奇才异能。有奇才异能是另外一回事，与人的境界高低无干。有奇才异能的人，不必有很高的境界。在道德境界中的人，不论其才的大小，及其所做事的大小，他都可以尽伦尽职。在天地境界中的人，知天事天者，其行为以事天赞化为目的，才大者做大事可以事天赞化。才小者做小事亦可以事天赞化。不论其才的大小，及其所做的事的大小，知天事天者都可用力以达到事天赞化的目的。所以他亦在精神上不受才的限制。

在天地境界中的人，能同天者，自同于大全，从大全的观点，以观事物。大全包罗众才，自同于大全者，亦包罗众才。从大全的观点以观事物，即从一较高的观点，以观众才，而不与众才比其小大。如此则可以超过众才。众才有小大，同天者皆包罗超过之。此之谓统小大。郭象《〈逍遥游〉注》说："无待之人，遗彼忘我，冥此群异。异方同得，而我无功名。是故统小大者，无小无大者也。苟有乎大小，则虽大鹏之与斥鷃，宰官之与御风，同为累物耳。"能如此观众才者，则见众才之活动，无论其才之大小，皆是尽才。如此看，则"虽大鹏无以自贵于小鸟，小鸟无羡于天池，而荣愿有余矣。故小大虽殊，逍遥一也"。能如此看，则任何事物，皆没有受才的限制与不受才的限制的问题。能如此看者，其自己更没有这种问题。

或可问：如此说，则在自然境界中的人，岂不正是"小大虽殊，逍遥一也"？何必在天地境界中的人始知之？

于此我们说，在自然境界中的人，不知其受才的限制，因此亦不知有受才的限制与不受才的限制的问题。不知有受才的限制与不受才的限制的问题，又似乎没有受才的限制与不受才的限制的问题。但不知有受才的限制与不受才的限制的问题，是其人的觉解不及知其受才的限制，亦不及知有此等问题。没有受才的限制与不受才的限制的问题，是其人的觉解，使其超过此等限制，超过此等问题。譬如"大鹏无以自贵于小鸟，小鸟无羡于天池"，并非大鹏小鸟所能觉解者。所以"小大虽殊，逍遥一也"，是在天地境界中的人所觉解者。他的此种觉解，即构成他的逍遥的一部分。他的此种逍遥，并不是大鹏小鸟的逍遥。犹如欣赏"绿满窗前草不除"，是周茂叔的乐处，并不是草的乐处。我们不能说，大鹏小鸟不逍遥，但其逍遥，不是此种逍遥。《庄子·逍遥游》及郭象注似均于此点弄不清楚。这亦是道家常将自然境界与天地境界相混的一例。道家欲使人安于自然境界，以免其受知受才的限制的痛苦。这是不无理由的。但以为在自然境界的人，亦可有如在天地境界中的人的逍遥，这是错误的。

郭象统小大之说甚精。但似以为顺才而行的人的逍遥，与至人的逍遥，在性质上无大差别。顺才而行的人，与至人的差别，只在顺才而行的人，必得其所待，然后逍遥。至人则"与物冥而循大变"，故"能无待而常通"。顺才而行的人，虽必得其所待，然后逍遥，然若"所待不失"，则亦"同于大通"。实则顺才而行的人，是自然境界中的人；至人是天地境界中的人。自然境界似乎是"同于大通"，但实不是"同于大通"。在自然境界中的人，若得其所待，固亦可以逍遥，但其逍遥与至人的逍遥，在性质上是有大差别的。

支道林《逍遥论》云："夫逍遥者，明至人之心也。庄生建言大道，而寄指鹏鷃。鹏以营生之路旷，故失适于体外。鷃以在近而笑远，有矜伐于心内。至人乘天正而高兴，游无穷于放浪；物物而不物于物，则遥然不我得；玄感不为，不疾而速，则道然靡不适。此所以为逍遥也。"（《世说新语》注引）支道林此说，注重在说明，至人的逍遥与众人的逍遥不同。所谓"向郭之注所未尽"者，似是在此。但"失适于体外""有矜伐于心内"，是功利境界，而不是自然境界。支道林说："逍遥者，明至人之心也。"他只说出在功利境界中的人的心，与在天地境界中的人的心不同。而未说出在自然境界中的人的心，与在天地境界中的人的心的不同。前者的不同，是很容易看出的。后者的不同，则是不很容易看出的。

命的好坏

一个人命的好坏，影响到他所做的事的成败。在自然境界中的人，顺才或顺习而行，其行为不必有自觉的目的，所以对于其所做的事的成败，亦不必有某种的情感。在功利境界中的人，其行为以求利为目的，达此目的则为成，不达此目的则为败，成则欢喜，败则悲伤。在道德境界中的人，其行为以行义为目的。他所以为目的者，是他的行为的意向的好，他所做的事的成功，是他的行为意向所向的好。在道德境界中的做事，其行为的意向的好，是尽伦尽职。他所做的事如成功，其行为的意向所向的好如得到，其行为的意向的好固已实现；他所做的事如失败，其行为的意向所向的好，如不能得到，其行为的意向的好，亦可实现。此即是说，在道德境界中的人，其所做的事，即或失败，但他如已尽心竭力为之，则此失败，并不妨碍他的行为的意向的好的实现。此即是说，不妨碍其行为的道德价值的实现。他的命可以使他所做的事失败，但不能使他的行为的道德价值不实现。

在道德境界中的人，其所做的事的失败，虽不能妨碍他的行为的道德价值的实现，但尚不能说是不足以介其意。对于他所做的事的成败，持如上所说的看法，他还需要一种努力。在天地境界中的人，自大全的观点，以看事物，则知其事物之成，或为彼事物之败，此事物之败，或为彼事物之成。《庄子·齐物论》说："其分也，成也。其成也，毁也。凡物无成与毁，复通为一。"郭象注说："夫成毁者，生于自见而不见彼也。"自见而不见彼，是见其偏而不见其全。若见其全，则见成不必只是成，败不必只是败。他持如此看法，并不是因为他玩世不恭，而是因为他能从一较高的观点，以看成败。他虽知"凡物无成与毁，复通为一"，而仍竭力做事，以事天赞化。因为他知大化流行，是一动，人必动始能赞化。至于其动是否能得到其意向所向的好，则与其行为的意向的好的实现，是不相干的。在天地境界中的人所做的事的失败，固不足妨碍其行为的意向的好的实现，而且不足以介其意。他的命固不能妨碍他的事天赞化，他持如此看法，亦不需要一种努力。

　　一个人的命的好坏，影响到他在社会上所处地位的贵贱。在自然境界中的人，对于所谓贵贱，没有清楚地觉解。因此对于其所处地位，亦不必有某种的情感。在功利境界中的人，对于所谓贵贱，有清楚的觉解。他好贵而恶贱。贵则欢喜，贱则悲伤。在道德境界中的人，对于所谓贵贱，亦有清楚的觉解。但他又觉解，尽伦尽职，与一个人所有的在社会中地位的贵贱，是不相干的。他在社会中，无论处什么位，都可尽伦尽职。他的行为，以尽伦尽职为目的。所以在社会中，无论处什么位，他都以为是无关轻重的。在天地境界中的人，知其于社会的"民"之外，他还是天民。人爵之外，还有天爵。所以他虽亦对于社会上的贵贱，有清楚的觉解，但他还是"大行不加，穷居不损"。他并不需有意努力，始能如此。从大全的观点看，社会上的贵贱本来是不足介意的。

《中庸》说："君子素其位而行，不愿乎其外。"朱子注说："言君子但因见在所居之位，而为其所当为，无慕乎其外之心也。"所以他"素富贵行乎富贵，素贫贱行乎贫贱。素夷狄行乎夷狄，素患难行乎患难。故君子无入而不自得焉"。此所说虽是"君子"，但若真能"无入而不自得"，则是能"即其所居之位，乐其日用之常"，即是能乐天。此非在道学家所谓"人欲尽处，天理流行"的境界中者不能。真能无人而不自得者，于舍富贵而取贫贱之时，必已不做有意的选择，不必需一种努力。如此，则其人的境界，已不是道德境界，而是天地境界。

顺境与逆境

一个人的命的好坏，表现于他所遭遇的环境是顺是逆。在自然境界中的人，对于所谓顺逆没有清楚的觉解。所以对于所谓顺逆，亦不必有某种情感。在功利境界中的人，对于所谓顺逆，有清楚的觉解。他喜顺而恶逆。在道德境界中的人，其行为以尽伦尽职为目的。在顺境他可以尽伦尽职。在逆境中亦可以尽伦尽职。他只求尽伦尽职，不计境的顺逆。

从另一观点，我们可以说，顺境对于人固然是好的，但逆境对于人亦不完全是不好的。孟子说："天将降大任于斯人也，必先苦其心志，劳其筋骨，饿其体肤，空乏其身，行拂乱其所为，所以动心忍性，曾益其所不能。"此是说，逆境可予人一种锻炼。"文王拘而演《周易》，孔子厄而作《春秋》。屈原放逐，乃赋《离骚》；左丘失明，厥有《国语》。""文，穷而后工。"此是说，逆境可予人一种刺激。逆境可予人一种锻炼，一种刺激，此是前人所常说者。对于有些人其说亦是不错的。不过此都是就事实方面说。就事实方面说，对于有些人，逆境是如此；对于有些人，逆境不是如此。不过即令对于所有的人，逆境都是如此，但若专就事实方面说，我们亦不能说其必是如此。我们亦不能说，在学问事功等方面，有大成就者，都必是曾经逆境的人。未经逆境的人，在学问事功等方面，有很大的成就者，在理论上并非不可能，而且在事实上这种人亦是常有的。所以专就孟子所说，还不足以见逆境对于人不完全是不好的。

有些道德价值，非在逆境中不能实现。这并不是事实问题，而是此等道德价值，本来即涵蕴逆境。我们可设想一个富贵中人，亦作如"演《周易》""作《春秋》"一类之事；一个人不必穷愁而后著书，其文亦不必穷而后工。但我们不能设想一个富贵中人如何能表现"贫贱不能移"的大节。"时穷节乃见，一一垂丹青。"惟时穷而节始见，这并不是事实问题，而是《正气歌》中所说诸大节，本身即涵蕴时穷。必对于此点有觉解，我们才真可以说："富贵福泽，将厚吾之生也；贫贱忧戚，庸玉汝于成也。"专就富贵福泽的本身看，富贵福泽，是一种好。专就贫贱忧戚的本身看，贫贱忧戚是一种不好。这是不可否认的。但有些道德价值，非在逆境中不能实现，这亦是不可否认的。由此方面看，我们可以说，逆境对于人，亦不完全是不好的。

康德的道德哲学，在西洋可以说是很不重视幸福的了。但他仍以为，道德与幸福的合并，善人必受其福，是人的理性的要求。这在人的世界中，是不必能实现的。他因此而要相信，上帝存在，灵魂不死，以为善人受福的保证。康德的这些见解，可以说是受了宗教的迷信的余毒。宗教以为善人必受其福，如不于今生，必于来世。照这样的看法，善人的结局，必皆如小说或电影中的大团圆。照在功利境界中的人的看法，这样的团圆结局，似乎是必要的。但照在道德境界中的人的看法，这并不是必要的。苏武留匈奴十九年，终得归汉。将归时，"李陵置酒贺武曰：'今足下还归，扬名于匈奴，功显于汉室，虽古竹帛所载，丹青所画，何以过子卿。'"既回到长安，诏令以一太牢谒武帝园庙，拜为典属国，秩中二千石，赐钱二百万，公田二顷，宅一区。这真是一个团圆的结局。但是苏武的行为的道德价值，在于其留匈奴十九年，抗节不屈，并不在于其有团圆的结局。照在功利境界中的人的看法，没有这样的团圆结局，似乎总是美中不足。但照在道德境界中的人的看法，这样的团圆结局，对于苏武的行为的道德价值，完全是不相干的。

　　照在天地境界中的人的看法，所谓顺境逆境者，都是人从人的观点所作的区别。人各从其自己的观点，以说其处境是顺或是逆。同一境可以对此人为顺，对彼人为逆。例如德国战败法国后，德国人的顺境，正是法国人的逆境。从天的观点看，境无所谓顺逆。从天的观点看，任何事物，都是宇宙大全的一部分，都是理的例证。任何变化，都是道体的一部分。任何事物，任何变化，都是顺理顺道。从此观点看，则任何事物，任何变化，都是顺而非逆。在天地境界中的人知天，知天则能从天的观点，以看事物。能如此看事物，则知境无所谓逆。对于所谓逆境，他亦顺受。他顺受并不是如普通所说"逆来顺受"。他顺受因为他觉解境本来无所谓逆。

　　对于所谓逆境，他亦顺受，这只是说，对于所谓逆境，他受之并无怨尤。这并不是说，他对于所谓逆境，并不用力以图改变之。他亦尽力以图改变之。但如已尽力而仍不能改变之，则其有此等所谓逆境，即是由于他的命。孟子说："莫非命也，顺受其正。是故知命者，不立乎岩墙之下。尽其道而死者，正命也。桎梏死者，非正命也。"朱子注说："人物之生，吉凶祸福，皆天所命。然惟莫之致而至者，乃为正命。……知正命则不处危地以取覆压之祸。……尽其道，则所值之吉凶，皆莫之致而至者矣。……犯罪而死，与立岩墙之下者同，皆人所取，非天所为也。"在天地境界中的人，尽其才与力之所能，以尽伦尽职，事天赞化，既不特意营为以求福，亦不特意不小心以致祸。既已尽其在己者，则不期然而然的遭遇，莫之致而至者，他都从天的观点，以见其是无所谓顺逆。此所谓"顺受其正"。人有这种觉解，儒家谓之"知命"。

人的自由

命与才对于人都是一种限制。不过在道德境界中及天地境界中的人，都可以在精神境界上超越此种限制，如上文所说。再从另一方面说，才与命的限制，都是实际世界中的限制。在道德境界中的人，以尽伦尽职为其行为的目的。凡实际世界中的限制，如成败贵贱之类，皆不足以使其不能达其目的。他已超越实际世界中的限制。在道德境界中的人超越实际世界中的限制。在天地境界中的人，则超越实际世界的限制。在天地境界中的人，自同于大全，自有一太极。大全大于实际的世界，太极超越实际的世界。所以虽其七尺之躯，仍是实际世界中的一物，但其觉解已使其在精神上超越实际的世界。他已超越实际世界，即已超越实际世界的限制。既已超越实际世界的限制，则实际世界中的限制，更不足以限制之了。

超越限制，即不受限制。不受限制，谓之自由。在道德境界中的人，在精神上不受才与命的限制，他是不受实际世界中的限制的限制。在天地境界中的人，在精神上亦不受才与命的限制，但他是不受实际世界的限制。不受实际世界中的限制的限制，是在道德境界中的人的自由。不受实际世界的限制，是在天地境界中的人的自由。

关于自由，西洋哲学家多有讨论。他们所讨论的自由，其义是不受决定。上文所说的自由，其义是不受限制。西洋哲学家注重于讨论，人的意志，是否为一种原因所决定。如其为某种原因所决定，则意志是不自由的。西洋哲学家以为，必出于人的自由意志的行为始可是道德行为，如其不是出于自由意志，则其行为，虽合乎道德，亦只是合乎道德的行为，而不是道德行为。此所谓自由意志即是不受决定的意志。此所谓不受决定，如是不受以求利为目的的欲望的决定，则说道德行为必是出于如此的自由意志，是无可否认的。用道学家的话说，道德的行为，必是出于道心，不是出于人心。若有人为图富贵名誉而做道德的事，虽做道德的事，而其行为是出于人心，所以其行为只是合乎道德的行为，而不是道德行为。此即是说，此人于有此行为时，其意志是为以求利为目的的欲望所决定的。其意志不是自由意志，所以其行为亦只是合乎道德的行为，而不是道德行为。

人的意志，可以不为以求利为目的的欲望所决定。其决定且可与此等欲望相反。人于做重大牺牲以有道德行为时，其意志是如此的。此等情形，正是道学家所谓"道心为主，而人心每听命焉"。为主者是自由的，听命者是不自由的。若如此说意志自由，则于此等情形中，意志是自由的。

如所谓意志自由是如此的自由，我们可以说，在道德境界中的人，意志是自由的。在天地境界中的人，意志亦是自由的。有些西洋哲学家，主张有意志自由者，所谓意志自由的意思，似乎还不止此。"道心为主，而人心每听命焉"，并不是每个人生来都能如此。人虽生来都有道心，但"人心惟危，道心惟微"。"道心为主，而人心每听命焉"，是学养的结果。有些哲学家，似乎以为，所谓意志自由，必须是不靠学养而自然如此的，因为，如说意志的自由，必须由学养得来，则意志的自由，又似乎是为学养所决定，不是完全不受决定者。不过照我们于以上数章[1]所讨论，即令有人不藉学养，而意志自然自由，但由此种自由意志所发出的行为，恐怕亦只是自发的合乎道德的行为，其人的境界，恐怕亦只是自然境界。在道德境界或天地境界中的人的意志自由，必是由学养得来的。不过虽是由学养得来，而学养所予他者，是觉解而不是习惯。在道德境界或天地境界中的人，由觉解而有主宰，并不是由习惯而受决定。所以其意志自由，虽是由学养得来，而却不是为学养所决定。

在道德境界或天地境界中的人，其意志不受以求利为目的的欲望的决定，其行为不受才与命的限制。所谓不受限制，并不是说，他能增益他的才，以做他本所不能做的事。亦不是说，他能左右他的命，以使其转坏为好。而是说，无论他的才

1　此处"以上数章"，指冯友兰《新原人》第一章至第八章，即《觉解》《心性》《境界》《自然》《功利》《道德》《天地》《学养》。

是大是小，他的命是坏是好，他都可以尽伦尽职，事天赞化。所以无论就不受决定，或不受限制说，他都是自由的。

或可问：已有道德境界或天地境界的人，固已不受才与命的限制。但人之得到此种境界，需要一种觉解。未得到此种境界的人，需要一种才，以可有此种觉解；并需要一种机会，以发展其才。假使他没有这种才，他不能有此种觉解；假使他没有一种机会，他虽有此种才而亦不能尽其才。由此方面说，即在修养方面，人还是受才与命的限制。

于此我们说，人本来都是受才与命的限制。人修养以求道德境界或天地境界。在此等境界中，人固可超过才与命的限制，但修养而尚未得到此等境界者，当然仍受才与命的限制。但此是求道德境界或天地境界受限制，不是在此等境界中的人受限制。人之得到道德境界或天地境界，诚然亦需要相当高的才，与相当好的命。但不如在学问或事功方面的成就需要之甚。人在修养、学问、事功，无论何方面的大成就，都靠才、力、命三种因素的配合。不过其配合的成分，则可因方面不同而异：在学问方面，一个人的大成就，所靠的三种因素的配合，才的成分最大，力的成分次之，命的成分又次之；在事功方面，一个人的大成就，所靠的三种因素的配合，命的成分最大，才的成分次之，力的成分又次之；在修养方面，一个人的大成就，所靠的三种因素的配合，力的成分最大，才的成分次之，命的成分又次之。曾国藩曾说："古来圣贤名儒之所以彪炳宇宙者，无非由于文学事功。然文学则资质居其七分，人力不过三分。事功则运气居其七分，人力不过三分。惟是尽心养性，保全天之所以赋予我者。……此则人力主持，可以自占七分。"此亦是他的经验之谈。

求道德境界，或天地境界的主要功夫，是致知用敬。用敬靠力，致知需才。然人致知所需了解者，是几个形式的观念。人对这些观念，有了解以后，他可以"不离日用常行内，直造先天未画前"。他不必做特别与众不同的事，即可以超越才与命的限制。求道德境界所需了解者，是人之所以为人者，即人性，其所需了解的观念，比求天地境界所需要者更少，所以"人力主持，可以自占七分"，至少求道德境界是如此。

人力自占七分者，可以立志求之。先贤说人要立志，都是就此方面说。人不能专靠努力，即可以为李白、杜甫，或汉高、唐太[1]。但可以大部分靠努力而成为一有高境界的人。所以我们不能教每个人都立志为英雄，为才子，但可以教每个人都立志为圣，为贤。孟子说："士先志。"周濂溪说："士何志？曰：士希贤，贤希圣，圣希天。"贤是在道德境界中的人，圣是在天地境界中的人。在天地境界中的人的最高的成就是同天，所以说："圣希天。"

1　指汉高祖、唐太宗。

死生

于上章[1]，我们已说明，在道德境界及天地境界中的人，不受才与命的限制。在本章我们拟说明，在道德境界及天地境界中的人，不受死的威胁。

死是生的反面，所以能了解生，即能了解死。《论语》说：子路问死，孔子曰，"未知生，焉知死。"孔子此答，似乎答非所问。孔子似乎想避免子路所提出的问题，但其实或不是如此。死是一种否定，专就其是否定说，死又有什么可说？欲说死必就其所否定者说起。欲了解死，必先了解生，能了解生则亦可以了解死。

从另一方面说，死虽是人生的否定，而有死却又是人生中的一件大事。因为一个人的死是他的一生中的最后一件事，比如一出戏的最后一幕。最后一幕虽是最后的，但总是一出戏的

1　指上一篇文章《才命》。

一部分，并且可以是其中的最重要的一部分。从此方面看，我们可以说，"大哉死乎！"从此方面说，我们亦可说，欲了解死必先了解生，能了解生则亦能了解死。所以程子亦说："知生之道，则知死之道。"朱子亦说："非原始而知所以生，则必不能反终而知所以死。"

对于生的了解到某种程度，则生对于有此等了解的人，有某种意义。生对于有此等了解的人有某种意义，则死对于有此等了解的人，也有某种与之相应的意义。就上数章[1]所说诸种境界说，对于在自然境界中的人，生没有很清楚的意义，死也没有很清楚的意义。对于在功利境界中的人，生是"我"的存在继续，死是"我"的存在的断灭。对于在道德境界中的人，生是尽伦尽职的所以（所以使人能尽伦尽职者），死是尽伦尽职的结束。对于在天地境界中的人，生是顺化，死亦是顺化。

在死的某种意义下，死是可怕的。人对于死的怕，对于死的忧虑，即是人所受的，死对于人的威胁。人怕死则受死的威胁，不怕死则不受死的威胁。

怕死者，都是对于生死有相当的觉解者。对于生死完全无觉解，或无相当的觉解者，不知怕死。对于生死有较深的觉解者不怕死。对于生死有彻底的觉解者，无所谓怕死不怕死。不怕死及无所谓怕死不怕死者均不受死的威胁。不怕死者不受死

1　此处"上数章"，指冯友兰《新原人》第一章至第九章，即《觉解》《心性》《境界》《自然》《功利》《道德》《天地》《学养》《才命》。

的威胁，因为他能拒绝死的威胁。无所谓怕死不怕死者，不受死的威胁，因为他能超越死的威胁。不知怕死者，亦可说是不受死的威胁。不过他不受死的威胁是因为他不及受死的威胁。就人的境界说，在自然境界中的人，不知怕死。在功利境界中的人，怕死。在道德境界中的人，不怕死。在天地境界中的人，无所谓怕死不怕死。

一般动物，对于生死，都是全无觉解的。它们都是有死的，虽都是有死的，但自然都已为它们预备好了一种方法以继续它们的生命。凡生物都可以有子。它们的子即是它们生命的继续。生物不能不死，而却有此一种方法，以继续它们的生命。所以柏拉图说：这是"不死的动的影像"。一般动物，除人而外，都在不知不觉中，用这一种方法，以继续它们的生命。就它们自己的个体的生存说，它们虽有生而不自觉其有生，虽将来有死，而不知其将来有死。不知其将来有死，所以亦不知怕死。

人对于生死有相当的觉解。对于生死有相当的觉解者，知自然为一般动物所预备的方法，以继续其生命者，实只能得一不死的动的影像。不死的动的影像，并不即是不死。人有子虽能继续他的生命，但不能继续他的意识。从个体的观点看，一个人是一个个体，他的子又是一个个体。他的子虽是他的子，但并不就是他。他可以以他自己为"我"，但只能以他的子为"我的"。他是个体，他自觉他是个个体，他有他的个体的意识。他的个体的意识，是任何别人所不能知，而只有他自己能知者，可以说是他的"独"。就此方面看，生是一个人"我"的存在的继续，他的"独"的存在的继续。死是一个人"我"的存在的断灭，他的"独"的存在的断灭。由此方面看，死是可怕的。

人对于生死的觉解，到此种程度者最是怕死。在自然境界中的人，对于生死虽有觉解，但尚未到此种程度。对于在自然境界中的人，生没有很清楚的意义，死也没有很清楚的意义。这并不是说，他于生时，不能有什么活动。他亦可以有活动，并且可有很多的活动，不过他的活动都是顺才或顺习而行。所以他虽有活动，而对于许多活动，他并无觉解。他虽亦知他将来有死，但对于死，他并不预先注意，至少也是不预先忧虑。对于死所能有的后果，他了解甚少，他可以说有"赤子之心"。小孩子见人死，以为人死似不过是睡着不醒而已，或以为人死似不过是永远不能吃饭而已。在自然境界中的人，对于死的了解，虽不必即如此的天真，然亦是天真的。对于死的了解，既如此的少，所以他亦不知怕死。他不知怕死与一般动物不知怕死不同。一般动物不知怕死，是因为它不知有死。在自然境界中的人，不知怕死，是因为不知死之可怕，如所谓"初生牛犊不怕虎"者。

不知怕死者，虽亦可不受死的威胁，但不能有不受死的威胁之乐。因为他不受死的威胁，乃是由于他的觉解的不及。他本不知死之可怕，所以他虽不受死的威胁，而不能有不受死的威胁之乐。他不受死的威胁，可以说是"为他的"，而不是"为自的"。《庄子·大宗师》说："真人不知说生，不知恶死。其出不欣，其入不距。翛然而往，翛然而来，而已矣。"道家常将自然境界与天地境界相混。此所说"真人"，但就其不知说，此所说的境界是一种自然境界。

在自然境界中的人，不知怕死。所以他亦不有目的地，有计划地，设法对付死。在功利境界中的人，一切行为，都是"为我"，死是"我"的存在的断灭，所以在功利境界中的人，最是怕死。他们有目的地，有计划地，设法对付死。他们对付死的办法约有四种。

第一种办法是求避免死。例如秦皇汉武都是盖世英雄，做了些惊天动地的大事。但他们的境界，都是功利境界。他们的事业愈大，他们愈不愿他们的"我"失其存在，他们愈不愿死。《晏子春秋》及《韩诗外传》说："齐景公游于牛山，北临其国城而流涕曰：'奈何去此堂堂之国而死乎。'"秦皇汉武的晚年，大概都有这种情感。所以他们都用方士，求长生药。所谓"尚采不死药，茫然使心哀"。他们费很大的力，以求避免死，不过结果还是"但见三泉下，金棺葬寒灰"（李白《古风》）。

秦汉时代的方士，是后来道士的前身。道士所主持的宗教是道教。宋明道学家，常将道家与道教相混。实则二者中间，分别甚大，道家一物我，齐死生，其至人的境界是天地境界。道教讲修炼的方法，以求长生为目的，欲使修炼的人维持其自己的"形"，使之不老，或维持自己的"神"，使之不散。道教所注意者，是"我"的继续存在。其人的境界是功利境界。

道教承认，有生者有死，生死是一种自然的程序。但以为，他们有一种"逆天"的方法，可以阻止或改变这种程序。他们可以说是有一种"战胜自然"的精神。但无论是从理论，或从经验方面说，自然在此点，似乎是不可战胜的。不过在功利境界中的人，亦不感觉，在此点，有战胜自然的必要。道学家常说：人不可"在躯壳上起念"。道教中的人，正是常"在躯壳上起念"。

人的身体，本如一机器。一机器，善用之，则可以经用较久，不善用之，则不能经久用，或至于立时损坏。这是一般人都知道的。道教中的人，常住山林，使其身体，得营养多而受损害少，长生不老虽不可能，而因此可以不速老，享大寿，是可能的。不过这一种的生活，往好处说，固可以说是清静无为。往坏处说，亦未尝不可说是空虚无味。李白诗："太白何苍苍，星辰上森列。去天三百里，邈尔与世绝。中有绿发翁，披云卧松雪。不笑亦不语，冥栖在岩穴。"有这种生活的人，如只以求长生为目的，即令能得长生，其长生亦可说是半死。

在功利境界中的人，对付死的第二种办法是求立名。有些在功利境界中的人以为死固不可避免，但若有名留于身后，则亦可以虽死而不死。因此他们极力求名。《离骚》说："老冉冉其将至兮，恐修名之不立。"老之将至是无可奈何的事。人所能努力者，是于老之未至之前，先立了名，庶几身虽死而名不灭，则他的"我"仍于相当程度内，有一种的继续。古诗说："人生非金石，岂能长寿考？奄忽随物化，荣名以为宝。"桓温说："大丈夫不能流芳百世，亦当遗臭万年。"小说上的英雄常说："人过留名，雁过留声。"此诸所说，其用意均同。

侠义一流的人，是这一类的人。他们视他们的名誉，比他们的身体，更为重要，因为身体总是"奄忽随物化"，而名誉则似乎是可以"常留天地间"。所以他们常牺牲他们的身体，以求名誉。《汉书·游侠传》序说：游侠"杀身成名"。贾谊《鵩鸟赋》说："烈士殉名。"现在有些人说："名誉是军人的第二生命。"侠义一流的人，简直是以名誉为其第一生命。这一类的人，所希望的是"身死名垂"。能够身死名垂，亦是战胜死的一种办法。死能死人的身体，但不能死人的名。这一类的人，在表面上似乎是轻生，但其轻生实由于贵生。老子说："人之轻死，以其生生之厚。"正可引以说此。

在功利境界中的人，对付死的第三种办法，是急求眼前的快乐。有些人以为，人即令有名，但他如已死，他即无知，既已无知，即令有名，于他又有什么好处？所以古诗说："良无磐石固，虚名复何益？"从此方面看，则不如于未死之前，急求眼前的快乐，得些实受。古诗说："浩浩阴阳移，年命如朝露"，"万岁更相送，贤圣莫能度。服食求神仙，多为药所误。不如饮美酒，被服纨与素"。《列子·杨朱篇》即将此意，作有系统的发挥。这亦是对付死的一种办法。怕死的人，忧虑死将要来，但现在死尚未来。在现在死尚未来，应尽力享受。死若果来，则人即死。既死无知觉，则亦不知觉其威胁矣。

但现在的快乐，如其有之，亦是人于过去所努力以求而始得到者。人欲求快乐，亦须先努力，于其努力时，死亦可于其未得快乐时而先来临。求快乐的人，可以有此等忧虑。此等忧虑，亦即是他所受的死的威胁。

在功利境界中的人对付死的第四种办法，是相信灵魂不死。此可以说是以信仰抵制死的威胁。有些宗教，也可以说大多数的宗教，以为人死以后，此身体虽不存在，但此身体的主人，即所谓灵魂者，仍继续存在，且永远继续存在。此所谓形死而神不灭。死虽能予人一种损失，但人所损失者是其糟粕，其精华是不受损失的。人皆有此不死者存。此不死者，于身体死后，或升入天堂，或入地狱，或仍托生为人。无论碧落黄泉，此不死者总是不死。这种说法，与道教不同。道教是近乎自然主义的。它是近乎普通所谓科学，而不近乎普通所谓宗教。道教中的人，以为若随顺自然变化的程序，则形死神亦灭。但他们可用一种"逆天"的方法，使形不死，或形虽死而神不灭。大多数的宗教，则以为形死神不灭，本来是如此的。有些人以为人若有此种信仰，则死对于他的威胁，即可免去大半。不过信仰只是信仰，信仰是不可以理论证明的。

以上所说，是在功利境界中的人应付死的办法。其办法果能减少死的威胁与否，及其果能减少至如何程度，似乎是因人而异。无论如何，在道德境界及天地境界中的人，并不需要此诸种办法。

在道德境界中的人知性。他知性，所以在社会中尽伦尽职以尽性。尽伦尽职必于事中尽之，所以在道德境界中的人，必不做"自了汉"，必于社会中做事。他所做的事，都是为在社会中尽伦尽职而做的，亦可说，都是为社会而做的。所以他所做的事，在他的了解中，都是社会的事，这就是说，他所做的事，对于他，都是有社会的意义。人的才有小大，命运有好坏。在道德境界中的人，就其才之所能，命运之所许，尽力以做其所能做及所应做的事。无论他所做的事，是大是小，他都尽其力之所能，以使其成功。他于做他所做的事时，无论其是大是小，他都自觉，他是在"承先启后"，"继往开来"。他所做的事，无论其是大是小，对于他的意义，都是"为往圣继绝学，为万世开太平"。于此等的意义中，他自觉他在精神上，上与古代相感通，下与后世相呼应。孔子说："文王既没，文不在兹乎！"这是孔子自觉他在精神上，上接先王。孟子说："圣人复起，不易吾言。"这是孟子自觉他在精神上，下接后圣。陈子昂诗云："前不见古人，后不见来者，念天地之悠悠，独怆然而涕下。"在道德境界中的人，则前亦见古人，后亦见来者，往古来今，打成一片。在这一片中，他觉解他的个体的死亡，并不是十分重要的。如此，他不必设法对付死，而自可不受死的威胁。

在道德境界中的人，做事所以尽伦尽职。他竭其力之所能以做其所应做的事。他一日未死，则一日有他所应做的事。这是他的任务。他一日既死，则他的任务，即时终了。就尽伦尽职说，在道德境界中的人，可能于死后尚有经手未完之事，但不可能于死后尚有未尽之伦，未尽之职。他可先其父母而死，尚有孝养之事未了。但他如于生前已尽为子之道，则他虽有孝养之事未了，但不能说他尚未尽伦，未尽职。尽伦尽职的人，都是"鞠躬尽瘁，死而后已"。死而后已，亦即是死了即已。

所以对于在道德境界中的人，死是尽伦尽职的结束。《礼记·檀弓》记子张将死之言，说："君子曰终，小人曰死。"宋儒说："终者所以成其始之辞，而死则澌尽无余之义。"对于小人，死是其个人的身体的不存在，所以死对于他是死。对于君子，死是其在社会中的任务的终了，所以死对于他是终。在道德境界中的人，是此所谓君子。死对于他是尽伦尽职的结束。所以死对于他也是终。终即是结束之义。

在道德境界中的人，不注意死后，只注意生前。只注意于，使其一生行事，皆充分表现道德价值，使其一生，如一完全的艺术品，自始至终，全幅无一败笔。所以《论语》记曾子将死，曰："启予足，启予手。诗云：'战战兢兢，如临深渊，如履薄冰。'而今而后，吾知免夫，小子。"《礼记·檀弓》记曾子将死，侍疾的童子忽发现曾子所用的席是大夫所用的。曾子听说，命曾元快换。曾元说："夫子之病革矣，不可以变。幸而至于旦，请敬易之。"曾子说："尔之爱我也不如彼。君子之爱人也以德，细人之爱人也以姑息。吾何求哉？吾得正而毙焉斯已矣。"曾元等于是"举扶而易之，反席未安而没"。这些行为初看似迂阔，但一个人的一生，如想在道德方面始终完全，他是一刻不可疏忽的。在一个人未死之前，他随时都有有过的可能。所以曾子将死才可以说："而今而后，吾知免夫。"然幸而还有一个童子，指出他最后的一个过错。于是他的一生，才能如一件完全的艺术品，不至于最后来了一个败笔。可见一个人想成为完人，是极不容易的。

所以在道德境界中的人，于必要时，宁可牺牲其身体的存在，而不肯使其行为有在道德方面的不完全。孔子说："无求生以害仁，有杀身以成仁。"孟子说："生，吾所欲也；义，亦吾所欲也。二者不可得兼，舍生而取义者也。"杀身成仁，舍生取义，与上所说杀身成名，是不同的。杀身成仁的人所做的事，可以即是杀身成名的人所做的事。但杀身成仁的人做此事，其行为是道德的行为，其境界是道德境界。杀身成名的人做此事，其行为是合乎道德的行为，其境界是功利境界。

杀身成仁，在事实上，亦可得名，但在道德境界中的人，并不要"成名"。所以他虽努力使其一生如一完全的艺术品，但此艺术品是否有人欣赏，如有人欣赏，他自己是否知之，这是他所不问的。在道德境界中的人，有某种行为，并不求为人所知。其行为是"为己的"，不是"为人的"。如其为求为人所知而有某种行为，则其行为虽合乎道德，而只是合乎道德的行为，不是道德的行为。其人的境界，亦只是功利境界，而不是道德境界。

照在道德境界中人的看法，一个人于未死之前，总有他所应做的事。这些事，他如不用心注意去做，都有做错的可能。所以在未死之前，无论于何时何地，他都应该兢兢业业，去做他所应该做的事。直到死，方可休息。龚定庵诗说："绝业名山幸早成，更何方法遣今生。"又说："设想英雄垂暮日，温柔不住住何乡。"这都是才人英雄的设想。照这种想法，一个人的一生中，似乎有一部分，可以称为"余生"，如同普通以为，一星期中，有一部分，称为周末。于其时，人可以随意消遣。圣贤的想法，不是如此。圣贤的有生之日，都是尽伦尽职之日。才人需要遣生的方法，以遣其余生，圣贤则无余生可遣。英雄有垂暮，圣贤则无垂暮。圣贤尽其力之所能，以尽伦尽职，"鞠躬尽瘁，死而后已"。此所谓"存，吾顺事；没，吾宁也"。

对于在天地境界中的人，生是顺化，死亦是顺化。知生死都是顺化者，其身体虽顺化而生死，但他在精神上是超过死的。

于《新原人》第八章中，我们说到道体的观念。实际的事物，无时不在生灭中。实际的世界，无时不在变化中。实际的世界及其间事物的生灭变化的洪流，旧说谓之大化流行，亦谓之大用流行。人亦是实际的事物，亦随大化流行而生灭。无人不随大化流行而生灭。不过一般人虽随大化洪流而生灭，而不觉解其是如此。他们只知他们的个体有生灭，而不觉解其生灭是随顺大化。觉解个体的生灭是随顺大化，则亦觉解个体的生灭，是大化的一部分，是道体的一部分。有此等觉解，则可"与造化为一"。郭象说："与造化为一，则无往而非我矣。将何得何失，孰死孰生哉？"与造化为一，则能自大化的观点以看生灭。自大化的观点以看生灭，则生灭只是变化，不是死生。郭象说："死生者，无穷之变耳，非终始也。"大化是无始无终的。自同于大化者，自觉其自己亦是无始无终的。

自同于大化者，亦自同于大全。大全永远是存在的。我们这个地球可以不存在，但宇宙则是不能不永远存在的。《庄子·大宗师》说："藏小大有宜，犹有所遁。若夫藏天下于天下，而不得所遁，是恒物之大情也。……故圣人将游于物之所不得遁而皆存。"郭象注说："无所藏而都任之，则与物无不冥，与化无不一。故无内无外，无死无生，体天地而合变化，索所遁而不得矣。"物之所不得遁，是庄子所谓天地，我们所谓宇宙，所谓大全。凡事物皆是大全的一部分，不过他们不觉解其是如此。在天地境界中的人，觉解其是如此。他们有此种觉解，所以能自同于大全。自同于大全，则大全永远存在，他亦自觉他自己是永远存在。

宇宙是一个无尽宝藏，不仅包括现在所有的一切事物，并且包括过去所有的一切事物，以及将来所有的一切事物。任何事物的存在，都是无常的。但其曾经存在的事实，则不是无常的。宇宙间已有的事实，既已有之，则即永远有之，不可变动，不可磨灭。可能有的事物，虽于过去现在尚未有者，将来如其有之，亦必在宇宙中。所以在天地境界中的人，自同于大化，自同于大全者，亦感觉到他自己是上包万古，下揽方来。在无限的空间时间中，"万象森然"，他均在精神上与相感通。佛家说："三世一切劫，了之即一念。"在同天境界中的人，亦可如此说。上文说，在道德境界中的人，使其一生，如一完全的艺术品，而并不希望有人欣赏之。在天地境界中的人，又可见，如果有一完全的艺术品，则曾有此完全的艺术品的事实，真正是长留天地间，其对于人生，正如柏拉图所谓其共和国，"有目者必见之，见之则必奉以为法"。上文又说，在道德境界中的人，上见古人，下见来者。他所见者是古人及将来的人。在天地境界中，亦是上包万古，下揽方来。他所见者，又不只是人，而是一切万有。

在天地境界中的人，能同天者，亦可自同于理世界。理是永恒的，在天地境界中的人觉解一切事物，都不只是事物，而是永恒的理的例证。这些例证，是有生灭的，是无常的。但其所为例证的理，则是永恒的，是超时间的。对于理无所谓过去，亦无所谓现在。在天地境界中的人，觉解理不但不是无常的，而且是无所谓有常或无常的，不但不是有生灭的，而且是无所谓有生灭或无生灭的。他有此等觉解，所以自同于理世界者，自觉其自己亦是超生灭，超死生的。《庄子·大宗师》说："见独，而后能无古今。"理世界是无古今的，自同于理世界者，自觉其自己亦是无古今的。

在此种境界中的人，其身体随顺大化，以为存亡，但在精神上他可以说是超死生的。《庄子·大宗师》说："无古今，而后能入于不死不生。"郭象《〈逍遥游〉注》说："齐死生者，无死无生者也。苟有乎死生，则虽大椿之与蟪蛄，彭祖之与朝菌，均于短折耳。"所谓不死不生及无死无生，亦是超死生之义。

我们说：在天地境界中的人，在精神上可以说是超死生的。我们并不说：人的精神可以超死生。人的精神不能离开身体而存在。身体既不能超死生，则精神亦不能超死生。所以我们不能说，人的精神，可以超死生，而只能说，人在精神上可以超死生。所谓人在精神上可以超死生者，是就一个人在天地境界中所有的自觉说。他在天地境界中自觉他是超死生的。若其身体不存，他固亦无此自觉。但此自觉使其自觉，不但身体的存亡，对于他没有重要，即有此自觉与否，对于他亦没有重要。

人的精神不能离开身体而存在，所以一个人于今生之后，并无来生。以为于今生之后有来生者，大概有两种说法。照一种说法，以为来生之有，虽不可证明，但信来生之有，则为理性所需要。康德持此种说法。他以为道德与幸福的联合，有道德的人，必有幸福，是理性所认为最合理的事。最合理的事，不能于人的今生得到，则必有来生以得到之。不过照我们于《新原人》第六章中所说，道德不必与幸福联合。有些道德价值，且涵蕴逆境，必于人的不幸中，始能实现。此点我们于《新原人》第六章中已经证明。此点既已证明，则康德所说，理性需要信来生之有的论证，即不能成立。中国哲学，向以为无来生。康德所谓的理性的需要者，不过是受基督教影响的人的心理习惯而已。

照另外一种说法，有来生是一种无须证明的事实。多数宗教，皆持此种看法。佛教于此有一特点，即承认人有来生，而又以为人应该设法取消其来生。佛教以生死轮回为苦，故教人修行以出离死生。佛家的形上学与我们不同。但其所说出离死生的人的境界，与我们以上所说在精神上超死生的人的境界，则似异而实无大异。

佛家所说出离生死的人的境界，是他们所谓证真如的境界。我们上文所说在精神上超生死的人的境界，是我们所谓同天的境界。就其似异说，佛家是一种唯心论，以为心可以离身体而存在。所以照一般人的想法，佛家修行的人，得佛果，证真如者，可以永远有证真如的自觉。我们于上文说，精神不能离开身体而存在，所以在同天地境界中的人，只于其有身体时，有同天的自觉。

但一般人的这种想法，是错误的。唯心论者固以为心可离开身体而存在。但离开身体而存在的心，是不能有所谓"觉"的。佛家所谓真如，即是所谓常住真心，又即是所谓法界。就其是常住真心说，常住真心是我们所谓宇宙的心。宇宙的心，是不能有所谓觉的，所谓觉，如感觉、知觉、自觉等，都是依人的身体而始有的。黑格尔亦说，宗教中的人，自觉其与宇宙的精神为一者，其自觉即是宇宙的精神的自觉。宇宙的精神，不能离开人而有自觉。就真如即是法界说，法界即我们所谓宇宙，宇宙亦是不能有所谓觉的。常住真心或法界既不能有所谓觉，则所谓证真如者所有的自觉，亦只是于其能有自觉时有之。所谓涅槃四德：常，乐，我，净，亦是证真如者，于其有自觉时所自觉者。有自觉必依身体。所以照我们的看法，证真如者所有的自觉，及同天者所有的自觉，都只于其有身体时有之。

或可说，如果如此，则此等自觉的有，岂不太短暂？但既已证真如，既在同天境界中的人，自同于大全，自同于永恒，则其对于此等境界的自觉的久暂，对于他亦已不成问题，而他亦已不知有此等问题矣。斤斤于此等自觉的久暂者，仍有"我"有"私"。有"我"有"私"者，不能证真如，亦不能有同天的境界。

如果真有如佛家所说出离生死，则我们所说在精神上超死生者，自然亦是出离死生的。佛家所说的出离生死的方法是"破执"，在同天境界中的人，"体天地而合变化"，亦是彻底地无执的。

或可说：佛家所破，有我法二执。在天地境界中的人，诚无我执，但本书以上所说所根据的形上学，不以为"万法唯心"，以为离心实有所谓外界。照佛家的看法，执实有外界，即是法执。上所说在精神上超生死者，是否仍执实有外界？如仍执实有外界，则照佛家的看法，他仍有法执。仍有法执，则他即不能出离生死。

于此我们说，本书以上所说所根据的形上学，诚以为离心有所谓外界。但在同天地境界中的人，"与物冥"，"浑然与物同体"，所以对于他，所谓内外之分，所谓主观客观的对立，亦已冥除。于《新原人》第七章中，我们说：大全是不可思议的；同天的境界，亦是不可思议的。大全"至大无外"，在同天境界中的人，自同于大全，所以对于他亦无所谓外界。对于他无所谓外界，故他亦无所谓法执。

于此我们又须声明，哲学讲至此，已讲到所谓"言语路绝，心行道断"的地步。哲学讲至此等地步，所谓唯心论与实在论的分别，亦已不存在矣。

　　所以在天地境界中的人，无所谓怕死不怕死。有意于不怕死者，仍是对于死生有芥蒂。伊川云："邵尧夫临终时，只是谐谑，须臾而去。以圣人观之，则犹未是，盖犹有意也。比之常人，甚悬绝矣。他疾革，颐往视之，因警之曰：'尧夫平日所学，今日无事否？'他气微不能答。次日见之，却有声如丝发来，答云：'你道生姜树上生，我亦只得依你说。'"伊川疾革，门人进曰："先生平日所学，正今日要用。"伊川曰："道著用便不是。""道著用"亦是有意。所谓有意，亦谓对于死生尚有芥蒂。

　　在天地境界中的人，不有意地不怕死，亦不有意地玩视生。道家中有些人对于人生中的事，多玩视，如所谓"以生为附赘悬疣，以死为决疣溃痈"者，是只了解死为顺化，而未了解生亦为顺化。了解生亦为顺化，则于人生中做人所应做的事，亦为顺化。所以在天地境界中的人所做的事，亦正是在道德境界中的人所做的事。对于做这些事，他亦是"存，吾顺事；没，吾宁也"。

第三章 个人修养与人生品质

青年的修养问题[1]

今天讲的题目是："青年的修养问题"。

在表面上看，在这国势垂危的时候，来讲这个迂阔的问题，仿佛不大合适似的，其实，这个问题是一点也不迂阔。因为我们知道，一个国家的前途，以及一个民族的前途，其复兴的重任，都是担当在青年的身上。如果每一个青年，将来都能成为一个有用的人，一个有作为的人，那么，国家的前途，一定是很有希望的。

反过来说，如果所有的青年将来都不能成为有用的人，有作为的人，那么，就是现在的国家能够马虎地过下去，到将来也非糟不可。所以这问题不但不迂阔，并且还很重要。

关于"青年的修养问题"，我们现在可以分做五点来讲：

第一，要感觉责任。在从前，中国的旧说法，说每一个人都有两种责任：一种是对于家庭的，一种是对于国家的，这也

1 1936年12月22日在北平成达师范学校的演讲，原载于《现代青年》第5卷第6期，1936年12月出版。

就是一般人所讲的"忠孝"二字。忠是对于国家，而孝是对于家庭。如果一个人对于"忠孝"二字有亏，那么，其他的方面，也就不堪闻问了。

不过，这是从前的说法，现在已经不同了。在现在的社会里，一般人对于家庭的责任，似乎是减轻了一点，但这并不是像普通人所说的是什么人心古不古的问题，而实在因为现在的社会制度，和从前的社会制度，已经完全不同。

譬如，在从前，一个人做了官，不但全家可以享福，而且三代都受诰封。可是一个人犯了罪，全家也都随着同受惩罚。因此，在从前的社会制度下面，一般人对于家庭所负的责任是很重的。可是现在不同，现在是一人做事一人担当，和家庭没有关系，因而对于家庭所负的责任，也就比较减轻了。

并且在从前，有许多人都只能算做家里的人，而不能算做社会的人。

譬如，在从前的社会制度下面，妇女与儿童，都只能算做家里的人，而不能算做社会的人。换句话说，就是对于社会不负什么责任。可是现在不同了，妇女和儿童，不能再看做是家里的人，而也同样的是社会的人。这样，对于家庭所负的责任，虽然比较减轻，可是对于社会所负的责任，就要加重了。

要知道，社会越是进步，一切越是社会化。越是社会化，人也越是不能离开社会。

譬如，在乡下，喝水是自己去挑，吃饭是自己去做，每一个家庭，就是一个经济单位，只管自己，而可以不去管旁人。可是在城市里就不同了，吃水是由自来水公司供给，吃饭是由麦粉公司供给。如果自来水公司和麦粉公司，一旦发生变化，那么，一般人的饮食，立刻就要发生问题。

这就是因为城市的社会进步，已经成为社会化，而大家也不能离开社会了。越是不能离开社会，对于社会所负的责任，也越是要重。

同时，社会越进步，社会上应做的事越多，而需要的人才也越多。我们既然不能离开社会，而去索居，那么，对于社会，就应该负起责任来。

第二，要立定志向。每一个人都应该立定一个志向，要做一个大人物。这里所说的大人物，并不是一定非做主席不可。无论做一个什么角色都是没关系的，只要所做的事，对于社会有益就成。

譬如唱戏，每出戏里都有一个主角，可是主角的地位，并不一定就重要。戏里的皇帝、王后，往往都是配角。在历史上，每一件事都有一个主角，但那主角并不一定都是皇帝。所以我们应该去做对社会有益的事，只要对社会有益，那么，什么事都可以去做，不必非要做什么主席不可。

在从前，中国的旧说法，说做人有三不朽：一是立德，二是立功，三是立言。在这三不朽中，立德是最要紧，而且也是每一个人都可以做到的。至于立功、立言，都不是任何人可以做到的，必须看自己的才学和所遇的机会如何而定。

立德既是每一个人都可以做到的，那么，究竟应该怎样去做呢？说起来也很简单，就是无论做什么事，都要做得极好，而这事对于社会确实有益，那就是达到了立德的地步。

第三，要注重兴趣。有许多青年，因为不知道将来应该做些什么事，常常去问人家。其实，这是没用的。要想知道将来应该做些什么事，必须先问一问自己的兴趣，是在什么地方。我们可以这样说：一个人如果对于某一件事感到兴趣，那么那件事和他的性情一定是很相近的。

我们如果想把一件事做到极好的地步，必须靠两种东西：一种是才，一种是学。才是天生的根底，就是一般人所说的天才；学是后来加上去的努力。这两种东西合起来，才能做到极好的地步。

如果一个人没有才，仅仅去学，结果也不能做到极好的地步。无论文学家、科学家、艺术家、发明家等，所以能够成功的原因，除去是有过人的天才以外，还要靠努力地学。

说到这里，有人听了也许要觉得灰心，以为旁人能有天才，自己没有天才，一定不会把事做好的。其实，这也不尽然。要知道，每一个人都有他的才，不过，这个才，大家都不一样罢了。

在从前科举时代，是不问你的才是在哪一方面，必须一律埋首在八股文里，如果有人的才，不是在这一方面，那就只有吃亏了。可是现在不同了，社会一天比一天的进步，各方面都需要人才。无论你才是在哪一方面，都可以使它尽量的发展。

也许有人不知道自己的才是在哪一方面，其实，这不必自己去解决，天然已经替你解决了。你的兴趣在哪一方面，你的才就在哪一方面。

譬如，猫捕鼠，这是一种才。但是猫并没有人家告诉它去捕鼠，而它自己看见老鼠就会发生兴趣，所以一捕就会捕到。可见我们在哪一方面有兴趣，就是在哪一方面有才。如果在我们感到兴趣的这一方面努力做去，那么，一定可以成功的。

不过，这里也应该有一个限制。

譬如，有人说：我的兴趣是在看电影，那么，就应该每天去看电影。这是不对的。因为，看电影只是个人的一种享受，对于社会并没有尽了什么责任。

又譬如，大家对于吃饭，都很感兴趣，如果只是吃饭，而不做事，那岂不成了饭桶了吗？

我们是说，应该做些对于社会有益的事。譬如，看电影和做电影，就不相同。如果有人对于做电影感觉兴趣，那么，就无妨去做电影。因为所做的电影，如果不是诲淫诲盗，对于社会，多少也是有益的。

对于社会有益的事，说起来也很多。无论是在政治、经济、学术、工业、商业，哪一方面，都需要人才。可见社会上，给予我们发展天才的机会是很多的。如果我们对于政治感觉兴趣，那么，就可以在政治上工作，但并不一定要做大官。

最怕的一点，就是虚荣心。譬如，有的人兴趣，本来是在教育，可是因为觉得办教育不能出风头，而且是最清苦的一件事，为了虚荣心所驱使，于是就改做了旁的事，结果一定也做不好。

第四，要忘去成败。我们无论做什么事，如果把成败看得太真，就要感到许多痛苦。譬如，比赛足球，胜利了就愉快，失败了就不高兴，把胜败看得太真，就没有意思了。

我们在一生中，所想做的事不一定都能成功，而尤其是新兴的事业，那更没有把握了。因为凡是一种新兴的事业，在初做的时候，都是一种试验的性质，试验不一定会成功的，而失败的成分，要占最多。

譬如，飞机的发明，在起初，不知失败了多少次，牺牲了多少人，到后来才成功。但第一个制作者，如果因为失败而灰心，后来的人也随着灰心下去，自然也不会有今日的成功。所以我们无论做什么事，遇到失败，千万不要灰心，仍然要继续做下去。

一件事的失败，是就个人的观点说的。如果就社会的观点说，大部分的事，是无所谓失败的。

譬如，第一个制作飞机的人，在个人观点上说，固是失败了，但在社会的观点说，并没有失败，失败就是成功。

我们无论做什么事，一方面应该忘去成败，但一方面也不要希望太切，往往天才越高的人，希望成功的心也越切。一旦不成功，就垂头丧气，什么也不想做了。

在历史上，这种代表人物，是汉朝的贾谊，他的年纪本来很轻，见到汉文帝，立刻就要做宰相，没给他宰相做，于是就灰了心，过了几年竟死去了。贾谊虽然很有才学，但是缺少修养，所以也是不成的。

第五，要锻炼体格。有许多人对于中国的前途，都抱悲观，但我却一点也不悲观。因为中国人除去体格不如人家以外，其余聪明、才力和哪一国都可以比得上。

在中国，一个人活到六十岁，实际上就没有多大用了。往往有许多很有才学的人，却又不幸短命死去。一个人的死去，就个人的观点说，本来没有多大关系；但就社会的观点说，就很重要了。

一个人仅仅只有才学是不成的，而还须大家都承认他的才学，这就是一般人所说的资望。

一个人要有才有学，是要经过相当的时间，而大家都承认他的才学，又要经过相当的时间，合起来，至少就是四五十年的工夫。可是中国人到了这个年纪，却又多半就死去了。

我们看，他国的大政治家，最活跃的时期，多年是在六十岁左右，因为这时才学已经到了最完全的地步，而办事的经验，也相当丰富了。可是中国人到这个年纪，为什么就要死去呢？无疑的，最大的一个缘故，就是因为体格的衰弱。

　　总而言之，我们生为现代的人，一方面要有文明人的知识，而他一方面还要有野蛮人的身体，然后才能担当社会的大事。

　　因为仅有文明人的知识，没有野蛮人的身体，遇到事情，是没有力量应付的。仅有野蛮人的身体，而没有文明人的知识，遇到事情，是没有方法解决的。

　　希望大家在这一点上，能够特别努力才好。

励勤俭

一般人说到勤俭，大概都是就一个人的生活的经济方面说。《大学》说："生财有大道。生之者众，食之者寡，为之者疾，用之者舒，则财恒足矣。"就一个社会的生财之道说，是如此。就一个人的生财之道说，亦是如此。就一个人的生财之道说，"为之疾"是勤，"用之舒"是俭。一个人能发大财与否，一部分是靠运气，但一个人若能勤俭，则成一个小康之家，大概是不成问题的。

一般人对于勤俭的了解，虽是如此，但勤俭的意义则不仅止于此。例如我们常听说："勤能补拙，俭以养廉。"这两句中，所谓俭，虽亦可说是就人的生活的经济方面说，但此说俭注重在"养廉"，所以"俭以养廉"这一句话所注重者，是人的生活的道德方面。此句话所注重者是一个人的"廉"，并不是一个人的温饱。至于这两句话中所谓勤，不是就人的生活的经济方面说，至少不是专就此方面说，则是显然的。

这两句话，是旧说的老格言，又是现在的新标语。勤怎么能补拙呢？西洋寓言里说：有一兔子与乌龟竞走。兔子先走一程，回头见乌龟落后很远，以为断赶不上，遂睡了一觉。及醒，则乌龟已先到目的地了。乌龟走路的速度，比兔子差得很远，就这方面说，乌龟是拙。但它虽拙，而仍能走过兔子者，因兔子走路，中途休息，而乌龟则不休息也。此即是"勤能补拙"。《中庸》说："人一能之，己百之；人十能之，己千之。果能此道矣，虽愚必明，虽柔必强。"此所说，亦是"勤能补拙"的意思。这当然不是就人的生活的经济方面说，至少不是专就此方面说。我们于《为无为》[1]中，说到才与学的分别。就"学"说，勤确是可以补拙的。

就俭以养廉说，我们常看见有许多人，平日异常奢侈，一旦钱不够用，便以饥寒所迫为辞，做不道德的事。专从道德的观点看，"饿死事小，失节事大""饥寒所迫"并不能作为做不道德的事的借口。但事实上，经济上的压迫，常是一个使人做不道德的事的原因。不取不义之财谓之廉。人受经济压迫的时候，最容易不廉——一个人能俭，则可使其生活不易于受经济的压迫。生活不受经济的压迫者，虽不必即能廉，但在他的生活中，使他可以不廉的原因，至少少了一个。所以说，俭可以养廉。朱子说："吕舍人诗云：'逢人即有求，所以百事

1 指冯友兰《新世训》第三篇《为无为》。

非。'……某观今人因不能咬菜根，而至于违其本心者众矣，可不戒哉。"俭以养廉，正是朱子此所说之意。

由上所说，可知这两句老格言、新标语，是有道理的。不过勤俭的意义，还不止于此。我们于本篇所讲的勤俭是勤俭的进一步的意义。此进一步的意义，亦是古人所常说的，并不是我们所新发现的。

在说此进一步的意义以前，我们对于勤能补拙这一句话，还想作一点补充的说明。勤能补拙这一句话虽好，但它有时或可使人误会，以为只拙者需勤以补其拙，如巧者则无需乎此。不管说这一句话者的原意如何，事实上没有人不勤而能成大功、立大名的。无论古今中外，凡在某一方面成大功、立大名的人，都是在某一方面勤于工作的人。一个在某方面勤于工作的人，不一定在某方面即有成，但不在某方面勤于工作的人，绝不能在某方面有成。此即是说，在某方面勤于工作，虽不是在某方面有成的充足条件，而却是其必要条件。有人说：一个人的成功，要靠"九分汗下，一分神来"。"九分汗下"即指勤说。

我们于以上说"某方面"，因为往往一个人可以于某方面勤，而于别方面不勤。一个诗人往往蓬头垢面，人皆以他为懒，但他于作诗必须甚勤。李长吉作诗，"呕出心肝"。杜工部作诗，"语不惊人死不休"。他们都是勤于作诗，勤于作诗者，不必能成为大诗人，但不勤于作诗者，必不能成为大诗人。

对于某方面的工作不勤者，不能成为在某方面有成就的人。对于人的整个的生活不勤者，不能有完全的生活。所谓完全的生活者，即最合乎理性的生活。用勤以得到完全的生活，我们所谓勤的进一步的意义，即是指此。

古人说："民生在勤。"又说："户枢不蠹，流水不腐。"现在我们亦都知道，人身体的器官，若经过相当时间不用，会失去它原有的功用。一个健康的人，有一月完全不用他的腿，他走路便会发生问题。维持一个人的身体的健康，他每日必须有相当的运动。这是卫生的常识。所谓"民生在勤"的话，以及"户枢不蠹，流水不腐"的比喻，应用在这方面，是很恰当的。

我们可以从身体方面说勤，亦可从精神方面说勤。《易传》乾卦象辞说："天行健，君子以自强不息。"《中庸》说："至诚无息。"又说："诚者，天之道也；诚之者，人之道也。"天之道是"至诚无息"，人之道是"自强不息"。这些话可以说是，从精神方面说勤。无息或不息是勤之至。

就人的精神方面说，勤能使人的生活的内容更丰富、更充实。什么是人的生活的内容？人的生活的内容是活动。譬如一个人有百万之富，这一百万只是一百万金钱、银钱或铜钱，并不能成为这一个人的生活的内容。若何得来这些钱，若何用这些钱，这些活动，方是这一个人的生活的内容。又如一个人有一百万册书。这一百万册书，只是一百万册书，并不能成为这一个人的生活的内容。若何得这些书，若何读这些书，这些活动，方是这一个人的生活的内容。我们可以说，只有是一个人的生活的内容者，才真正是他自己的。一个守财奴，只把钱存在地窖里或银行里，而不用它；一个藏书家，只把书放在书库里，而不读它；这些钱，这些书，与这些人，"尔为尔，我为我"，实在是没有多大的关系。有一笑话谓：一穷人向一富人说：我们二人是一样的穷。富人惊问何故。穷人说，我一个钱不用，你亦一个钱不用，岂非一样？此虽笑谈，亦有至理。

人的生活的内容即是人的活动，则人的一生中，活动愈多者，其生活即愈丰富，愈充实。勤人的活动比懒人多，故勤人的生活内容，比懒人的易于丰富、充实。《易传》说："天行健。"又说："富有之谓大业，日新之谓盛德。""富有"及"日新"，都是"不息"的成就。一个人若"自强不息"，则不断地有新活动。"不断地"有新活动，即是其"富有"；不断地有"新"活动，即是其"日新"。

有人说，我们算人的寿命，不应该专在时间方面注意。譬如有一个人，活了一百岁，但每日除了吃饭、睡觉外，不做一事。一个人做了许多事，但只活了五十岁。若专就时间算，活一百岁者，比活五十岁者，其寿命长了一倍。但若把他们的一生的事业，排列起来，以其排列的长短，作为其寿命的长短，则此活五十岁者的寿命，比活一百岁者的寿命长得多。我们读历史，或小说，有时连读数十页，而就时间说，则只是数日或数小时之事。有时，"一夕无话"，只四字便把一夜过去。"有话即长，无话即短。"小说家所常用的这一句话，我们可用以说人的寿命。

对于寿命的这种看法，在人的主观感觉方面，亦是有根据的。在很短的时间内，如有很多的事，我们往往觉其似乎是很长。譬如自七七事变以来，我们经过了许多大事，再想起"七七"以前的事，往往有"恍如隔世"之感，但就时间说，不过是二年余而已。数年前，我在北平，被逮押赴保定，次日即回北平。家人友人，奔走营救者，二日间经事甚多，皆云，仿佛若过一年。我对他们说，"洞中方七日，世上几千年"。此虽一时隽语，然亦有至理。所谓神仙者，如其有之，深处洞中，不与人事，虽过了许多年，但在事实上及他的主观感觉上，都是"一夕无话"，所以世上虽有千年，而对于他只是七日。作这两句诗者，本欲就时间方面，以说仙家的日月之长，但我们却可以此就生活的内容方面，以说仙家的日月之短。就此方面看，一个人若遁迹岩穴，不闻问世事，以求长生，即使其可得长生，这种长生亦是没有多大意思的。

普通所谓俭，是就人的用度方面说。于此有一点我们须特别注意的，即是俭的相对性。在有些情形下，勤当然亦有相对性。譬如大病初愈的人，虽能做事，但仍需要相当休息。在别人，每天做八个钟头的事算是勤，但对于他，则或者只做六个钟头已算是勤了。不过在普通情形下，我们所谓勤的标准，是相当一定的。但所谓俭的标准，虽在普通情形下，亦是很不一定。

一个富人，照新生活的规定，用十二元一桌的酒席请客，是俭，但对于一个穷人，这已经是奢了。又譬如国家有正式的宴会，款待外宾，若只用十二元一桌的酒席，则又是啬了。由此可见，所谓俭的标准，是因人因事而异的。所以照旧说，俭必须中礼，在每一种情形下，我们用钱，都有一个适当的标准。合乎这个标准，不多不少，是俭。超乎这个标准是奢、是侈，不及这个标准是啬、是吝、是悭。不及标准的俭，即所谓"俭不中礼"。不中礼的俭，严格地说，即不是俭，而是啬了。不过怎么样才算"中礼"，才算合乎标准，在有些情形下，是很不容易决定的。在这些情形下，我们用钱，宁可使其不及，不可使其太过。因为一般人在这方面的天然的趋向，大概是易于偏向太过的方面，而我们的生活，"由俭趋奢易，由奢入俭难"。失之于不及方面，尚容易改正。失之于太过方面，若成习惯，即不容易改正了。所以孔子说："礼与其奢也，宁俭。"此所谓俭，是不及标准的俭。

俭固然是以节省为主，但并不是不适当的节省。一个国家用钱，尤不能为节省而节省。我们经过安南，看见他们的旧文庙，其狭隘卑小，使我们回想我们的北平，愈见其伟大宏丽。汉人的《两都赋》《二京赋》一类的作品，盛夸当时的宫室，以为可以"隆上都而观万国"。唐诗又说："不睹皇居壮，安知天子尊。"这些话都是很有道理的。不明白这些道理，而专以土阶茅茨为俭者，都是"俭不中礼"。

人不但须知如何能有钱，而并且须知如何能用钱。有钱的人，有钱而不用谓之吝，大量用钱而不得其当谓之奢，大量用钱而得其当谓之豪。我们常说豪奢，豪与奢连文则一义，但如分别说，则豪与奢不同。我们于上文说，用钱超过适当的标准，谓之奢；用钱合乎适当的标准，谓之俭。不过普通说俭，总有节省的意思，所以如有大量的用钱，虽合乎适当的标准，而在一般人的眼光中，又似乎是不节省者，则谓之豪。奢是与俭相冲突的，而豪则不是。奢的人必不能节省，但豪的人则并不必不能节省。史说：范纯仁往姑苏取麦五百斛。路遇石曼卿，三丧未葬，无法可施，范纯仁即以麦舟与之。这可以说是豪举。但范纯仁却是很能俭的人。史称其布衣至宰相，廉俭如一。他又告人："惟俭可以助廉，惟恕可以成德。"这可见俭与豪是不冲突的。

以上说俭，是就用度方面说。此虽是普通所谓俭的意义，但我们于本篇所谓俭，则并不限于此。我们于以下，再说俭的进一步的意义。

《老子》说："我有三宝，持而保之：一曰慈，二曰俭，三曰不敢为天下先。慈，故能勇；俭，故能广；不敢为天下先，故能成器长。"《老子》又说："治人事天，莫如啬。夫唯啬，是以早服；早服，谓之重积德。重积德，则无不克；无不克，则莫知其极；莫知其极，可以有国；有国之母，可以长久。是谓深根固柢，长生久视之道。"朱子说："老子之学，谦冲俭啬，全不肯役精神。早服是谓重积德者，言早已有所积，复养以啬，是又加积之也。若待其已损而后养，则养之方足以补其所损，不得谓之重积矣。所以贵早服者，早觉其未损而啬之也。"此所谓俭、所谓啬，当然不是普通所谓俭、所谓啬。然亦非全不是普通所谓俭、所谓啬。

普通所谓俭，是节省的意思；所谓啬，是过于节省的意思。在养生方面，我们用我们的身体或精神，总要叫它有个"有余不尽"之意。这并不是"全不肯役精神"，不过不用之太过而已。道家以为"神太用则竭，形太劳则弊"。神是精神，形是身体。我们用身体或精神太过，则至于"难乎为继"的地步。所以我们做事要尽力，但不可尽到"力竭声嘶"的地步。这样的尽力是不可以长久的。《老子》所讲的做事方法，都是可以长久的，所以《老子》常说"可以长久"。《老子》说："企者不立，跨者不行。"又说："飘风不终朝，骤雨不终日。孰为此者？天地。天地尚不能久，而况于人乎？"一个人用脚尖站地，固然是可以看得远些；跑步走，固然是可以走得快些，但这是不可久的。其不可久正如"天地"的飘风骤雨，虽来势凶猛，但亦是不能持久的。

《老子》所讲的做事方法，都是所谓"细水长流"的方法。会上山的人，在上山的时候，总是一步一步地，慢慢走上去，如是他可常走不觉累。不会上山的人，初上山时走得很快，但是不久即"气喘如牛"，不能行动了。又如我们在学校里用功，不会用功的人，平日不预备功课，到考时格外加紧预备，或至终夜不睡，而得不到好成绩。会用功的人，在平时每日将功课办好，到考时并不必格外努力，而自然得到很好的成绩。不会上山的人的上山法，不会用功的人的用功法，都不是所谓"细水长流"，都不是可以长久的办法。不论做何事，凡是可以长久的办法，总是西洋人所谓"慢而靠得住"的办法，亦即是所谓"细水长流"的办法。诸葛亮说："淡泊以明志，宁静以致远。"淡泊是俭，宁静是所谓"细水长流"的办法。

老子很喜欢水。他说："上善莫若水。"又说："天下莫柔弱于水，而攻坚强者莫之能胜。"屋檐滴下来的水，一点一滴，似乎没有多大力量，但久之它能将檐下的石滴成小窝。这即所谓"细水长流"的力量。

于此我们可以看出，在这一方面，勤与俭的关系。会上山的人，慢慢地走，不肯一下用尽他的力量，这是俭。但他又是一步一步，不断地走，这是勤。会用功的人，每天用相当时间的功，不"开夜车"，这是俭。但是"每天"必用相当时候的功，这是勤。不会上山的人，开始即快走，不肯留"有余不尽"的力量，这是不俭。及至气喘如牛，即又坐下不动，这是不勤。不会用功的人，"开夜车"，终夜不睡，这是不俭。考试一过，又束书不观，这是不勤。照这两个例看起来，勤与俭，在此方面，是很有关系的。所谓"细水长流"的办法，是勤而且俭的办法。

人的身体，如一副机器。一副机器，如放在那里，永不开动它，必然要锈坏，但如开动过了它的力量，它亦很易炸裂。一副机器的寿命的长短，与用之者用得得当与否，有很大的关系。人的"形""神"，亦是如此。我们的生活，如能勤而且俭，如上所说者，则我们可以"尽其天年而不中道夭"。道家养生的秘诀，说穿了不过是如此。这亦即所谓事天。我们的"生"是自然，是天然，所以养生亦是事天。

治一个国家，亦是如此。用一个国家的力量，亦需要使之有"有余不尽"之意。不然，亦是不可以长久的。治国养生，是一个道理。所以说："治人事天，莫如啬。"用一个国家的力量或用一个人的力量，都要使之有"有余不尽"之意，如此则可以不伤及它的根本。所以"啬"是"深根固柢"之道。有了根深柢固的力量，然后能长久地生存，长久地做事，所以说："俭故能广。"

存诚敬

　　"诚敬"二字，宋明道学家讲得很多。这两个字的解释，可从两方面说。就一方面说，诚敬是一种立身处世的方法；就又一方面说，诚敬是一种超凡入圣的途径。我们于以下先就诚敬是一种立身处世的方法说。

　　就这一方面说，诚的一意义是不欺。刘安世说："某之学初无多言，旧所学于老先生者，只云由诚入。某平生所受用处，但是不欺耳。"此所谓老先生即司马光。刘安世《元城道护录》说："安世从温公学，凡五年，得一语曰诚。安世问其目。公喜曰：'此问甚善。当自不妄语入。'予初甚易之，及退而櫽栝日之所行，与凡所言，自相掣肘矛盾者多矣。力行七年而成。自此言行一致，表里相应。遇事坦然，常有余裕。"诚是司马光一生得力的一字。刘漫堂《麻城学记》说："温公之学，始于不妄语，而成于脚踏实地。"

　　不欺有两方面：一是不欺人，一是不自欺。我们常说：

"自欺欺人。"自欺欺人，都是不诚。所谓"不妄语"，即是不欺人；所谓"脚踏实地"，即是不自欺。例如一个人学外国文字，明知有些地方，非死记熟背不可，但往往又自宽解，以为记得差不多亦可。这即是自欺，亦即是不脚踏实地。

朱子说："做一件事，直是做到十分，便是诚。若只做得两三分，说道：今且慢恁地做。恁地做也得，不恁地做也得，便是不诚。"明知须如此做，而却又以为如此做亦可，不如此做亦可，此即是自欺，亦即不是脚踏实地。

刘安世力行不妄语七年，始得"言行一致，表里相应"，此即是自不欺人，进至不自欺。言行一致，表里相应，可以是不欺人，亦可以是不自欺。例如一个人高谈于国难时须节约，但是他自己却时常看电影、吃馆子。他于看电影、吃馆子时，他的心理若是：得乐且乐，我说应该节约，不过是面子话，哪能认真？他的心理若果是如此，他的高谈即是欺人的妄语。于看电影、吃馆子时，他的心理若是：虽然于国难时应该节约，但偶然一两人奢侈，于大局亦不致即有妨碍。他若以此自宽解，他即以此自欺。

真正言行一致、表里相应的人，可以没有如此的欺人自欺。所谓真正言行一致、表里相应者，即不但人以为他是言行一致、表里相应，而且他自己亦确知他自己是言行一致、表里相应。一个人的言，是否与他的行完全一致，一个人的"里"，是否与他的"表"完全相应，只有他自己能完全知之。所以只有于他自己确知他自己是言行一致、表里相应时，始是真正完全的言行一致、表里相应。朱子说："人固有终生为善而自欺者，不特外面如此，而里面不如此者，方为自欺。盖中心愿为善，而常有个不肯的意思，便是自欺也。须是打叠得尽。"真正言行一致、表里如一的人，即是外不欺人，内不自欺的人。

程伊川说："无妄之谓诚，不欺其次矣。"无妄即是没有虚妄，没有虚假。此所谓不欺，似是专就不欺人说。照我们以上的说法，不自欺即是没有虚妄，没有虚假。《大学》说："所谓诚其意者，毋自欺也。如恶恶臭，如好好色。"恶恶臭的人，实在是恶；好好色的人，实在是好。他的好恶，一点没有虚假的成分。

如一个人看见一张名人的画，他并不知其好处何在，但他可心里想，既然大家都说好，必定是好，他因此亦以此画为好。他以此画为好，即是虚假的，至少有虚假的成分。又如一人对于一道理，自觉不十分懂，但可心里想，或者所谓懂者亦不过如此，于是遂自以为懂。他自以为懂，即是虚假的，至少有虚假的成分。这种心理都是自欺，都不是无妄。

如上所说看画的人，不但自以此画为好，而且或更以为须向人称赞此画，不然，恐怕他人笑他不能赏鉴此画。此其向人称赞，即是欺人。如上所说，自以为懂某道理的人，不但自以为懂，或且更以为须向人说他自己已懂，不然，恐怕他人笑他不能了解此道理。此其向人所说，即是欺人。凡是谬托风雅，强不知以为知的人，都是自欺或欺人的人。不自欺比不欺人更根本些。不自欺的人，一定可以不欺人，但不欺人的人，不见得个个皆能不自欺。所以程伊川说："无妄之谓诚，不欺其次矣。"

诚与信有密切的关系。我们常说诚信。信与诚都有实的性质，我们说信实，又说诚实。所谓实者，即是没有虚假，即是无妄。若对于信与诚作分别，说信则注重不欺人，说诚则注重不自欺。不欺都是实，所以信曰信实，诚曰诚实。若对于信与诚不作分别，则诚可兼包不欺人、不自欺，信亦可兼包不欺人、不自欺。例如孟子说："仁之实，事亲是也；义之实，从兄是也；智之实，知斯二者弗去是也；礼之实，节文斯二者是也。"笃行即是实实在在地去行，即是于行时没有一点自欺。由这一方面说，信与诚二字可以互用。不过信的意思，终是对人的成分多，而诚的意思，则是对己的成分多。

从社会的观点看，信是一个重要的道德。在中国的道德哲学中，信是五常之一。所谓常者，即谓永久不变的道德也。一个社会之能以成立，全靠其中的分子的互助。各分子要互助，须先能互信。

例如我们不必自己做饭，而即可有饭吃，乃因有厨子替我们做饭也。在此方面说，是厨子助我们。就另一方面说，我们给厨子工资，使其能养身养家，是我们亦助厨子。此即是互助。有此互助，必先有互信。我们在此工作，而不忧虑午饭之有无，因为我们相信，我们的厨子必已为我们预备也。我们的厨子为我们预备午饭，因他相信，我们于月终必给他工资也。此即是互信。若我们与厨子中间，没有此互信，若我们是无信的人，厨子于月终，或不能得到工资，则厨子必不干；若厨子是无信的人，午饭应预备时不预备，则我们必不敢用厨子。互信不立，则互助即不可能，这是显而易见的。

从个人成功的观点看，有信亦是个人成功的一个必要条件。设想一个人，说话向来不当话，向来欺人。他说要赴一约会，但是到时一定不赴。他说要还一笔账，但是到时一定不还。如果他是如此的无信，社会上即没有人敢与他来往、共事，亦没有人能与他来往、共事。如果社会上没有人敢与他来往、共事，没有人能与他来往、共事，他即不能在社会内立足，不能在社会上混了。

反过来说，如一个人说话，向来当话，向来不欺人，他说要赴一约会，到时一定到。他说要还一笔账，到时一定还。如果如此，社会上的人一定都愿意同他来往、共事。这就是他做事成功的一个必要的条件。譬如，许多商店都要虚价，在这许多商店中，如有一家，真正是"货真价实，童叟无欺"，这一家虽有时不能占小便宜，但愿到他家买东西的人，必较别家多。往长处看，他还是合算的。所以西洋人常说："诚实是最好的政策。"

诚的另外一个意思，即是真，所谓真诚是也。刘蕺山说："古人一言一动，凡可信之当时，传之后世者，莫不有一段真至精神在内。此一段精神，所谓诚也。唯诚，故能建立，故足不朽。稍涉名心，便是虚假，便是不诚。不诚则无物，何从生出事业来？"这一段话，是不错的。

以文艺作品为例，有些作品，令人百看不厌；有些作品，令人看一回即永远不想再看。为什么有些作品，能令人百看不厌呢？即因其中有作者的"一段真至精神"在内。所以人无论读它多少遍，但是每次读它的时候，总觉得它是新的。凡是一个著作，能永远传世者，就是因为，无论什么人，于什么时候读它，总觉得它是新的。此所谓新，有鲜义。或者我们简直用"鲜"字，更为妥当。例如，我们看《论语》《孟子》《老子》《庄子》等，其中的话，不少不合乎现在的情形者。就此方面，我们可以说，这些话是旧了。但是无论如何，他的话有种鲜味。这一种鲜味，是专门以摹仿为事的作品所不能有的。

下等文艺作品，不是从作者心里出来的，而是从套子套下来的。例如，有些侠义小说，描写两人打架，常用的套子是：某甲抡刀就砍，某乙举刀相迎，走了十几个照面，某甲气力不加，只累得浑身是汗，遍体生津，只有招架之功，并无还刀之力，等等。千篇一律，都是这一类的套子。写这些书的人，既只照套子抄写，并没有费他自己的精神，他的所谓作品当然不能动人，此正是"不诚无物"。

又有同样一句话，若说的人是真正自己见到者，自能使人觉有一种文上所谓鲜味。若说的人不是真正自己见到，而只是道听途说者，则虽是同样一句话，而听者常觉味同嚼蜡。黑格尔说："老年人可以与小孩说同样的话，但他的话是有他的一生经验在内的。"小孩说大人的话，往往令人发笑，因其说此话，只是道听途说，其中并没有真实内容也。

就别方面说，一个大政治家的政策政绩，一个大军事家的军略战绩，我们无论于什么时候去看，总觉得有一种力量，所谓"虎虎有生气"。以至大工业家或大商业家，凡能自己创业，而不是因人成事者，他的生平及事业，我们无论于什么时候去看，亦觉得有一种力量，"虎虎有生气"。他们都有"一段真至精神"，贯注在他们的全副事业内。如同一个大作家，有"一段真至精神"，贯注在他的整个作品内。如同一个人的身体，遍身皆是他的血气所贯注。就一个人的身体说，若有一点为其人的血气所不贯注，则此部分即死了。就一个作家的作品说，若有一点为其作家的精神所不贯注，则此一点即是所谓"败笔"。大政治家等的事业，亦是如此。这种全副精神贯注，即所谓诚。精神稍有不贯注，则即有"败笔"等，此正是"不诚无物"。

有真至精神是诚，常提起精神是敬。粗浅一点说，敬即是上海话所谓"当心"。《论语》说："执事敬。"我们做一件事，"当心"去做，把那一件事"当成一件事"做，认真做，即是"执事敬"。譬如,一个人正在读书,而其心不在书上,"一心以为鸿鹄将至,思援弓缴而射之"。这个人即是读书不敬。读书不敬者,绝不能了解他所读的书。

程伊川说:"诚然后敬,未及诚时,却须敬而后诚。"此所谓诚,即是我们于上文所说,真诚或无妄之诚。一个人对于他所做的事,如有"一段真至精神",他当然能专心致志,聚精会神于那一件事上。所以如对一事有诚,即对于一事自然能敬。

譬如,一个母亲,看她自己的孩子,很少使孩子摔倒,或出别的意外。但一个奶妈看主人的孩子,则往往使孩子摔倒,或出别的意外。其所以如此者,因一个母亲对于看她自己的孩子,是用全副精神贯注的。她用全副精神贯注,她自然是专心致志,聚精会神,极端地当心看孩子,把看孩子"当成一件事"做。就其用全副精神贯注说,这是诚;就其专心致志,聚精会神,把看孩子当成是一件事,认真去做说,这是敬。有诚自然能敬,所以说诚然后敬。

但如一个奶妈看人家的孩子,本来即未用全副精神贯注,所以她有时亦不把看孩子当成一件事,认真去做。就其不用全副精神贯注说,这是不诚;就其不把看孩子当成一件事,认真去做说,这是不敬。她不诚,如何教她敬呢?这须先让她敬,让她先提起精神,把看孩子当成一件事,认真去做。先敬而再可希望有诚。所以说:"未及诚时,却须敬而后诚。"程伊川的此话，可以如此讲，但还有一种比较深的讲法，下文再说。

照以上所说，"敬"字有专一的意思。程伊川说："主一之谓敬，无适之谓一。"朱子说："主一只是心专一，不以他念乱之。"又曰："了这一事，又做一事。今人一事未了，又要做一事，心下千头万绪。"又曰："若动时收敛心神在一事上，不胡乱思想，便是主一。"朱子又说："凡人立身行己，应事接物，莫大乎诚敬。诚者何？不自欺，不妄之谓也。敬者何？不怠慢，不放荡之谓也。"我们做事，必须全副精神贯注，"当心"去做。做大事如此，做小事亦须如此。所谓"狮子搏兔亦用全力"是也。人常有"大江大海都过去，小小阴沟把船翻"者，即吃对小事不诚敬的亏也。

我们于《励勤俭》中说，我们可以从人的精神方面说勤。敬即是人的精神方面的勤。勤的反面是怠，敬的反面亦是怠；勤的反面是惰，敬的反面亦是惰；勤的反面是安逸，敬的反面亦是安逸。古人说："无逸。"无逸可以说是勤，亦可以说是敬。人做了一事，又做一事，不要不必需的休息，此是普通所谓做事勤。人于做某事时，提起全副精神，专一做某事，此是孔子所谓"执事敬"。于无事时，亦常提起全副精神如准备做事然，此即宋明道学家所谓"居敬"。

朱子说："主一又是敬字注解，要之事无小无大，常令自家思虑精神尽在此。遇事时如此，无事时亦如此。"又说："今人将敬来别做一事，所以有厌倦，为思虑引去。敬是自家本心常惺惺便是。又岂可指擎跽曲拳，块然在此，而后可以为敬？"又说："敬却不是将来做一个事。今人多先安一个敬字在这里，如何做得？敬只是提起这心，不教放散。"宋明道学家所谓"求放心"，所谓"操存"，所谓"心要在腔子里"，都是说此。简言之，居敬或用敬，即是提起精神，"令自家思虑精神尽在此"。

我们现在常听说：人必须有朝气。所谓有朝气的人，是提起精神，奋发有为的人。若提不起精神，萎靡不振的人，谓之有暮气。我们可以说，能敬的人自然有朝气，而怠惰的人都是有暮气。

敬可以说是一个人的"精神总动员"。由此方面说，敬对于人的做事的效率及成功，与现在普通所谓奋斗、努力等，有同样的功用。

以上是将敬作为一种立身处世的方法说。以下再将敬作为一种超凡入圣的途径说。凡者对圣而言。圣是什么？我们于《新理学》中已经说过，但为读者方便起见，于下粗略言之。

一般的宗教家及一部分的哲学家，都以为人可以到一种境界，在其中所谓人己内外的界限，都不存在。所谓人己内外，略当于西洋哲学中所谓主观、客观。主观是己，是内；客观是人，是外。在普通人的经验中，这个界限是非常分明的。但人可到一种境界，可有一种经验，在其中这些界限都泯没了。这种境界，即所谓万物一体的境界。这种境界，即宋明道学家所谓圣域。能到这种境界，能入圣域的人，即宋明道学家所谓圣人。

宗教家所说，入圣域的方法，即所谓修行方法，虽有多端，但其主要点皆不离乎精神上的勤。如基督教、佛教之念经打坐，皆所以"令自家思虑精神尽在此"也。用此念经打坐等方法，"令自家思虑精神尽在此"，是于日用活动之外，另有修行方法。这种方法，可以说是主静。静者对于活动而言，宋明道学家有讲主静者，有教人静坐者。

朱子说："明道在扶沟，谢游诸公，皆在彼问学。明道一日曰：'诸公在此，只是学某说话，何不去力行？'二公曰：'某等无可行者。'明道曰：'无可行时，且去静坐。盖静坐时便涵养得本原稍定。虽是不免逐物，及自觉而收敛归来，也有个着落。'"所谓"涵养得本原稍定"，及"收敛归来，有个着落"者，即是"令自家思虑精神尽在此"也。凡此大概都是受佛家的影响。

伊川虽亦说"涵养须用敬"，但他亦"见人静坐，便叹其善学，曰：'这却是一个总要处。'"。至朱子始完全以主敬代主静。这是宋明道学的一个很重要的进展。盖主敬亦是"令自家思虑精神尽在此"，但主静则须于日用活动之外，另有修行工夫，而主敬则可随时随事用修行工夫也。朱子说："濂溪言主静""正是要人静定其心，自作主宰。程子又恐只管静去，遂与事物不相涉，却说个敬"。正说此意。

常"令自家思虑精神尽在此",如何可以达到所谓万物一体的境界?若欲答此问题,非将主有此境界的宗教家与哲学家所根据的形上学,略说不可。但此非本文的性质及范围所可容许者。如欲于此点,多得知识者,可看《新理学》。

现所需略再附加者,即在中国哲学中,"诚"字有时亦指此内外合一的境界。程伊川说:"诚然后敬,未及诚时,却须敬而后诚。"其所谓诚,或指此所说境界;其所谓敬,或指此所说达此境界的方法。"伊川此言,或有较深的意义。"其较深的意义,大约是如此。敬的功用如此之大,所以朱子说:"敬之一字,圣学所以成始而成终者也。"又说:"敬字真是学问始终,日用亲切之妙。"立身处世,是圣学之始;超凡入圣,是圣学之终。二者均须用敬。所以"敬"字真是学问始终。

如此以敬求诚,是宋明道学家所说诚敬的最高义。

论风流

风流是一种所谓人格美。凡美都含有主观的成分。这就是说，美含有人的赏识，正如颜色含有人的感觉。离开人的赏识，不能有美，正如离开人的感觉，不能有颜色，此所谓不能，也不是事实的不能，而是理的不能。人所不能赏识的美是一个自相矛盾的名词，人所不能感觉的颜色，亦是一个自相矛盾的名词。

说一性质有主观的成分，并不是说它没有一定的标准，可以随人的意见而变动。例如说方之性质，没有主观的成分，红之性质有主观的成分，但什么是方有一定的标准，什么是红也有一定的标准。血是红的，不是色盲的人，看见血都说是红。美也是如此，美虽有主观成分，但是美也有一定的标准。如其不然，则既不能有所谓美人，亦不能有艺术作品。不过我们也承认，也许有一小部分人本来没有审美的能力。对于这些人，没有美。正如有一小部分人本来没有分辨某种颜色的能力。对于这些人就没有某种颜色。这些人我们名之为色盲。有色盲，也有美盲。

不过没有主观成分的性质的内容，是可以言语传达的。有主观成分的性质的内容，是不可以言语传达的。我可以言语告诉人什么是真，什么是善，但不能告诉人什么是美。我可以说，一个命题与事实相合即是真，一个行为于社会有利即是善。但我不能说，一个事物有什么性质是美。或者我们可以说，凡能使人有某种快感的性质是美。但是那一种快感是什么，亦是不能说的。我只能指着一个美的事物，说这就是美。但如我所告诉的人，是个美盲，我没有方法去叫他知道什么是美。此正如我可以言语告诉人什么是方，但不能告诉人什么是红。我只能指着一个红的东西说，这就是红。但如果我所告诉的人，是个色盲，我没有方法子叫他知道什么是红。

美学所讲的是构成美的一部分的条件。但是对于美盲的人，美学也是白讲。因为他即研究美学，他还不能知什么是美。正如色盲的人，即研究了物理学，知道某种长度的光波是构成红的条件，但他还不知什么是红。

风流是一种美，所以什么是可以称为风流的性质的内容，也是不能用言语传达的。我们可以讲的，也只是构成风流的一部分的条件。已经知道什么是风流的人，经此一讲，或者可以对于风流之美，有更清楚的认识。不知道什么是风流的人，经此一讲，或者心中更加糊涂，也未可知。

先要说的是：普通以为风流必与男女有关，尤其是必与男女间随便的关系有关，这以为是错误的。我们以下"论风流"所举的例，大都取自《世说新语》。这部书可以说是中国的风流宝鉴。但其中很少说到男女关系。当然说男女有关的事是风流，也是风流这个名词的一种用法。但我们现在所论的风流，不是这个名词的这一种用法的所谓风流。

《世说新语》常说名士风流。我们可以说，风流是名士的主要表现。是名士，必风流。所谓"是真名士自风流"。不过冒充名士的人，无时无地无之，在晋朝也是不少。《世说新语》说："王孝伯言，名士不必须奇才，但使常得无事，痛饮酒，熟读《离骚》，便可称名士。"（《任诞》）这话是对于当时的假名士说的，假名士只求常得无事，只能痛饮酒，熟读《离骚》。他的风流，也只是假风流。嵇康、阮籍等真名士的真风流若分析其构成的条件，不是若此简单。我们于以下就四点说真风流的构成条件。

就第一点说，真名士，真风流的人，必有玄心。《世说新语》云："阮浑长成，风气韵度似父，亦欲作达。步兵曰：'仲容已预之，卿不得复尔。'"刘孝标注云："《竹林七贤论》曰：'籍之抑浑，盖以浑未识己之所以为达也。'""是时竹林诸贤之风虽高，而礼教尚峻。迨元康中，遂至放荡越礼。乐广讥之曰：'名教中自有乐地，何至于此。'乐令之言，有旨哉。谓彼非有玄心，徒利其纵恣而已。""作达"大概是当时的一个通行名词。达而要作，便不是真达。真风流的人必是真达人，作达的人必不是真风流的人，真风流的人有其所以为达。其所以为达就是其有玄心。玄心可以说是超越感。晋人常说超越，《世说新语》说："郭景纯诗云：'林无静树，川无停流。'阮孚云：'泓峥萧瑟，实不可言。每读此文，辄觉神超形越。'"超越是超过自我。超过自我，则可以无我。真风流的人必须无我。无我则个人的祸福成败，以及死生，都不足以介其意。《世说新语》说："郗太傅（鉴）在京口，遣门生与王丞相书，求女婿。丞相语郗信：'君往东厢，任意选之。'门生归，白郗曰：'王家诸郎亦皆可嘉。闻来觅婿，咸自矜持。唯有一郎在东床上坦腹卧，如不闻。'郗公云：'正此好。'访之，乃是逸少，因嫁女与焉。"（《雅量》）又说："庾小征西（翼）尝出未还。妇母阮，是刘万安妻，与女上安陵城楼上。俄顷，翼归。策良马，盛舆卫。阮语女：'闻庾郎能骑，我何由得见。'妇告翼。翼便为于道开卤簿盘马。始两转，坠马堕地。意色自若。"（《雅量》）王羲之闻贵府择婿而如不闻。庾翼于广众中，在妻及岳母前，表演马术坠马，而意色自若。这都是能不以成败祸福介其意。不过王羲之及庾翼所遇见的，还可以说是小事。谢安遇见大事，亦是如此。《世说新语》说："谢公与人围棋，俄而谢玄淮上信至。看书竟，默然无言，徐向局。客问淮上利害。答曰：'小儿辈大破贼。'意色举止，不异于常。"

（《雅量》）能如此。正是所谓达，不过如此的达，并不是可以"作"的。

就第二点说，真风流的人，必须有洞见。所谓洞见，就是不借推理，专凭直觉，而得来的对于真理的知识。洞见亦简称为"见"。"见"不是凭借推理得来的，所以表示"见"的言语，亦不须长篇大论，只需几句话或几个字表示之。此几句话或几个字即所谓名言隽语。名言隽语，是风流的人的言语。《世说新语》说："阮宣子（修）有令闻。太尉王夷甫见而问曰：'老庄与圣教同异？'对曰：'将无同？'太尉善其言，辟之为掾，世谓'三语掾'。"（《文学》）《世说新语》亦常说晋人的清谈，有长至数百言数千言，乃至万余言者。例如："支道林、许（许询）、谢（谢安）盛德。共集王家（王濛）。谢顾谓诸人：'今日可谓彦会，时既不可留，此集固亦难常。当共言咏，以写其怀。'许便问主人：'有《庄子》不？'正得《鱼父》一篇。谢看题，便各使四坐通。支道林先通，作七百许语。叙致精丽，才藻奇拔。众咸称善。于是四坐各言怀毕。谢问曰：'卿等尽不？'皆曰：'今日之言，少不自竭。'谢后粗难。因自叙其意，作万余语。才峰秀逸，既自难干。加意气拟托，萧然自得。四坐莫不厌心。"（《文学》）支道林谢安等的长篇大论，今既不传，是可惋惜的。但何以不传？大概因为长篇大论，不如名言隽语之为当时人所重视。《世说新语》谓："客问乐令（乐广）'旨不至'者，乐亦不复剖析文句，直以麈尾柄确几曰：'至不？'客曰：'至。'乐因又举麈尾曰：'若至者，那得去？'于是客乃悟服。乐辞约而旨达，皆此类。"（《文学》）又说张凭见刘真长。"顷之，长史诸贤来清言。客主有不通处，张乃遥于末坐判之。言约旨远，足畅彼我之怀。"（《文学》）"言约旨远"，或"辞约旨达"，是当时人所注重的。真风流的人的言语，要"不著一字，尽得风流"。真风流的人谈话，要"谈言微中""相视而笑，莫逆于心"。若须长篇大论，以说一意，虽"才藻奇拔"，但不十分合乎风流的标准，所以不如"言约旨远"的话之为人所重视。

就第三点说，真风流的人，必须有妙赏，所谓妙赏就是对于美的深切的感觉。《世说新语》中的名士，有些行为，初看似乎是很奇怪，但从妙赏的观点看，这些行为，亦是可以了解的。如《世说新语》说："王子猷（徽之）出都，尚在渚下。旧闻桓子野（伊）善吹笛，而不相识。遇桓于岸上过，王在船中，客有识之者云，'是桓子野。'王便令人与相闻云：'闻君善吹笛，试为我一奏。'桓时已贵显，素闻王名，即便回下车，踞胡床，为作三调。弄毕，便上车去。客主不交一言。"（《任诞》）王徽之与桓伊都可以说是为艺术而艺术。他们的目的都在于艺术，并不在于人，为艺术的目的既已达到，所以两个人亦无须交言。

《世说新语》又说："钟士季精有才理，先不识嵇康，钟要于时贤俊之士，俱往寻康。康方大树下锻。向子期为佐鼓排。康扬槌不辍，旁若无人。移时不交一言。钟起去。康曰：'何所闻而来？何所见而去？'钟曰：'闻所闻而来。见所见而去。'"（《简傲》）晋人本都是以风神气度相尚。钟会嵇康既已相见，如奇松遇见怪石，你不能希望奇松怪石会相说话。钟会见所见而去。他已竟见其所见，也就是所行不虚了。刘孝标注引《魏氏春秋》说：钟会因嵇康不为礼"深衔之，后因吕安事，而遂谮康焉"。如果如此，钟会真是够不上风流。

《世说新语》说："阮公邻家妇有美色。当垆沽酒。阮与王安丰常从妇饮酒。阮醉，便眠其妇侧。夫始殊疑之，伺察，终无他意。"（《任诞》）又说："山公（涛）与嵇、阮一面，契若金兰。山妻韩氏，觉公与二人异于常交，问公。公曰：'我当年可以为友者，唯此二生耳。'妻曰：'负羁之妻亦亲观狐、赵，意欲窥之，可乎？'他日，二人来，妻劝公止之宿，具酒肉，夜穿墉以视之。达旦忘反。公入曰：'二人何如？'妻曰：'君才致殊不如。正当以识度相友耳。'公曰：'伊辈亦常以我度为胜。'"（《贤媛》）阮籍与韩氏的行为，与所谓好色而不淫又是不同。因为好色尚包含有男女关系的意识，而阮籍与韩氏只是专从审美的眼光以看邻妇及嵇阮。所以他们虽处嫌疑，而能使邻妇之夫及山涛，不疑其有他。

《世说新语》又云："谢太傅问诸子侄：'子弟亦何预人事，而正欲使其佳？'诸人莫有言者，车骑（谢玄）答曰：

'譬如芝兰玉树，欲使其生于阶庭耳。'"（《言语》）子弟欲其佳，并不是欲望其能使家门富贵，只是如芝兰玉树，人自愿其生于阶庭。此亦是专从审美的眼光，以看佳子弟。

《世说新语》又说："支道林常养数匹马。或言道人畜马不韵。支曰：'贫道重其神骏。'"（《言语》）他养马并不一定是要骑。他只是从审美的眼光，爱其神骏。

就第四点说，真风流的人，必有深情。《世说新语》说："卫洗马初欲渡江，形神惨悴，语左右云：'见此芒芒，不觉百端交集。苟未免有情，亦复谁能遣此。'"（《言语》）又说："桓公北征经金城，见前为琅邪时种柳，皆已十围。慨然曰：'木犹如此，人何以堪。'攀枝执条，泫然流泪。"（《言语》）又说："王长史（廞）登茅山，大恸哭曰：'琅邪王伯舆终当为情死。'"（《任诞》）桓温说："木犹如此，人何以堪。"八个字表示出人对于人生无常的情感。后来庾信《枯树赋》云："桓大司马闻而叹曰：'昔年种柳，依依汉南。今看摇落，凄怆江潭。树犹如此，人何以堪。'"虽有二十四个字，但是主要的还只是"树犹如此，人何以堪"八个字。

桓温看见他所栽的树，有对于人生无常的情感，卫玠看见长江，"见此芒芒，不觉百端交集"。他大概也是有对于无常的情感。不过他所感到的无常，不是人生的无常，而是一切事物的无常。后来陈子昂《登幽州台歌》诗："前不见古人，后不见来者。念天地之悠悠，独怆然而涕下。"这都是所谓"一往情深"。"一往情深"也是《世说新语》中的话。《世说新语》谓："桓子野每闻清歌，辄唤奈何。谢公闻之，曰：'子野可谓一往有深情。'"桓子野唤奈何，因为有一种情感，叫他受不了。这就是王廞所以痛哭的原因。他将终为情死，就是他也是受不了。这是对于人生有情的情感。

真正风流的人有深情。但因其亦有玄心，能超越自我，所以他虽有情而无我。所以其情都是对于宇宙人生的情感。不是为他自己叹老嗟卑。桓温说"木犹如此，人何以堪"，他是说"人何以堪"，不是说"我何以堪"。假使他说"木犹如此，我何以堪"，他的话的意义风味就大减，而他也就不够风流。王廞说，王伯舆终当为情死，他说到他自己。但是他此话与桓温、卫玠的话，层次不同。桓温、卫玠是说他们自己对于宇宙人生的情感，王廞是说他自己对于情感的情感。他所有的情感，也许是对于宇宙人生的情感。所以他说到对于情感的情感时，虽说到他自己，而其话的意义风味，并不减少。

真正风流的人，有情而无我，他的情与万物的情有一种共鸣。他对于万物，都有一种深厚的同情。《世说新语》说："简文入华林园，顾谓左右曰：'会心处不必在远，翳然林水，便自有濠、濮间想也，觉鸟兽禽鱼，自来亲人。'"（《言语》）又说："支公好鹤，住剡东岇山。有人遗其双鹤。少时翅长欲飞，支意惜之，乃铩其翮。鹤轩翥不复能飞，乃反顾翅，垂头视之，如有懊丧意。林曰：'既有凌霄之姿，何肯为人作耳目近玩。养令翮成，置使飞去。'"（《言语》）又说："王子敬（献之）云：'从山阴道上行，山川自相映发，使人应接不暇。若秋冬之际，尤难为怀。'"（《言语》）这都是以他自己的情感，推到万物，而又于万物中，见到他自己的怀抱。支道林自己是有凌霄之姿，不肯为人作耳目近玩。他以此情感推之鹤，而又于鹤见到他自己的怀抱。这些意思是艺术的精义，若简文帝只见"翳然林水"，不觉"鸟兽禽鱼，自来亲人"，王子敬只见"山川映发"，不觉"秋冬之际，尤难为怀"，他们所见的便只是客观的世界。照《世说新语》所说，他们见到客观的世界，而又有甚深的感触。在此感触中，主观客观，融成一片。表示这种感触，是艺术的极峰。诗中的名句，如"池塘生春草，园柳变鸣禽""春草无人随意绿""空梁落燕泥"，皆不说情感而其中自有情感。

主要的情感是哀乐。在以上所举的例中，所说大都是哀的情感，但是有玄心的人，若再有进一步的超越，他也就没有哀了。一个人若拘于"我"的观点，他个人的祸福成败，能使他有哀乐。超越自我的人，站在一较高的观点，以看"我"，则个人的祸福成败，不能使他有哀乐。但人生的及事物的无常，使他有更深切的哀。但若从一更高的观点，从天或道的观点，以看人生事物，则对于人生事物的无常，也就没有哀了。没有哀乐，谓之忘情。《世说新语》说："王戎丧儿万子，山简往省之。王悲不自胜。简曰：'孩抱中物，何至于此？'王曰：'圣人忘情，最下不及情，情之所钟，正在我辈。'简服其言，更为之恸。"（《伤逝》）能忘情与不能忘情，是晋人所常说的一个分别。《世说新语》云："张玄之、顾敷，是顾和中外孙。皆少而聪慧，和并知之，而常谓顾胜，亲重偏至，张颇不恢。于时张年九岁，顾年七岁。和与俱至寺中。见佛般泥洹像，弟子有泣者，有不泣者。和以问二孙。玄谓：'被亲故泣，不被亲故不泣。'敷曰：'不然。当由忘情故不泣，不能忘情故泣。'"（《言语》）能忘情比不能忘情高，这也是晋人所都承认的。

忘情则无哀乐。无哀乐便另有一种乐。此乐不是与哀相对的，而是超乎哀乐的乐。陶潜有这种乐，他的诗："结庐在人境，而无车马喧。问君何能尔，心远地自偏。采菊东篱下，悠然见南山。山气日夕佳，飞鸟相与还。此中有真意，欲辨已忘言。"这歌所表示的乐，是超乎哀乐的乐。这首诗表示最高的玄心，亦表现最大的风流。

在东晋名士中渊明的境界最高，但他并不狂肆。他并不"作达"。《世说新语》云："王平子（澄）、胡毋彦国（辅之）诸人，皆以任放为达，或有裸体者。乐广笑曰：'名教中自有乐地，何为乃尔也。'"（《德行》）渊明并不任放，他已于名教中得到乐地了。

宋儒亦是于名教中求乐地。他们教人求孔颜乐处，所乐何事。《论语》记曾皙言志，"暮春者，春服既成。冠者五六人，童子六七人，浴乎沂，风乎舞雩，咏而归"。"夫子喟然叹曰：'吾与点也。'"宋儒说曾皙"即其所居之位，乐其日用之常……而其胸次悠然，直与天地万物上下同流，各得其所之妙……故夫子叹息而深许之"（朱子注）。不管曾皙的原意如何，照宋儒所讲，这确是一种最高的乐处，亦是最大的风流。

邵康节当时人称为"风流人豪"。他住在他的安乐窝里，有一种乐。但是程明道的境界，似乎更在康节之上，其风流亦更高于康节，程明道诗云："云淡风轻近午天，傍花随柳过前川。时人不识余心乐，将谓偷闲学少年。"又说："闲来无事不从容，睡觉东窗日已红。万物静观皆自得，四时佳兴与人同。道通天地有形外，思入风云变态中。富贵不淫贫贱乐，男儿到此是豪雄。"（《文集》卷一）这种豪雄，真可说是"风流人豪"。康节诗云："尽快意时仍起舞，到忘言处只讴歌。宾朋莫怪无拘检，真乐攻心不奈何。"（《林下五吟》，《击壤集》卷八）"花谢花开诗屡作，春归春至酒频斟。情多不是强年少，和气冲心何可任。"（《喜春吟》，《击壤集》卷十）攻心冲心而使之无可奈何的乐，大概是与哀相对的乐。与哀相对的不是真乐。康节有点故意表示其乐，这就不够风流。

处世的方法

老子警告我们："不知常，妄作凶。"（《道德经》第十六章）我们应该知道自然规律，根据它们来指导个人行动。老子把这叫作"袭明"。人"袭明"的通则是，想要得些东西，就要从其反面开始；想要保持什么东西，就要在其中容纳一些与它相反的东西。谁若想变强，就必须从感到他弱开始；谁若想保持资本主义，就必须在其中容纳一些社会主义成分。

所以老子告诉我们："圣人后其身而身先，外其身而身存。非以其无私邪？故能成其私。"（第七章）还告诉我们："不自见，故明。不自是，故彰。不自伐，故有功。不自矜，故长。夫唯不争，故天下莫能与之争。"（第二十二章）这些话说明了通则的第一点。

老子还说："大成若缺，其用不弊。大盈若冲，其用不穷。大直若屈。大巧若拙。大辩若讷。"（第四十五章）又说："曲则全。枉则直。洼则盈。敝则新。少则得。多则惑。"（第二十二章）这说明了通则的第二点。

用这样的方法，一个谨慎的人就能够在世上安居，并能够达到他的目的。道家的中心问题本来是全生避害，躲开人世的危险。老子对于这个问题的回答和解决，就是如此。谨慎地活着的人，必须柔弱、谦虚、知足。柔弱是保存力量因而成为刚强的方法。谦虚与骄傲正好相反，所以，如果说骄傲是前进到了极限的标志，谦虚则相反，是极限远远没有达到的标志。知足使人不会过分，因而也不会走向极端。老子说："知足不辱，知止不殆。"（第四十四章）又说："是以圣人去甚，去奢，去泰。"（第二十九章）

所有这些学说，都可以从"反者道之动"这个总学说演绎出来。著名的道家学说"无为"，也可以从这个总学说演绎出来。"无为"的意义，实际上并不是完全无所作为，它只是要为得少一些，不要违反自然地任意地为。

为，也像别的许多事物一样。一个人若是为得太多，就变得有害无益。况且为的目的，是把某件事情做好。如果为得过多，这件事情就做得过火了，其结果比完全没有做可能还要坏。中国有个有名的"画蛇添足"的故事，说的是俩人比赛画蛇，谁先画成就赢了。一个人已经画成了，一看另一个人还远远落后，就决定把他画的蛇加以润饰，添上了几只脚。于是另一个人说："你已经输了，因为蛇没有脚。"这个故事说明，做过了头就适得其反。《老子》里说："取天下常以无事；及其有事，不足以取天下。"（第四十八章）这里的"无事"，就是"无为"，它的意思实际上是不要为得过度。

人为，任意，都与自然、自发相反。老子认为，道生万物。在这个生的过程中，每个个别事物都从普遍的道获得一些东西，这就是"德"。"德"意指 power（力）或 virtue（德）。"德"可以是道德的，也可以是非道德的。一物自然地是什么，就是它的德。老子说："万物莫不尊道而贵德。"（第五十一章）这是因为，道是万物之所从生者，德是万物之所以是万物者。

按照"无为"的学说，一个人应该把他的作为严格限制在必要的、自然的范围以内。"必要的"是指对于达到一定的目的是必要的，绝不可以过度。"自然的"是指顺乎个人的德而行，不作人为的努力。这样做的时候，应当以"朴"作为生活的指导原则。"朴"（simplicity）是老子和道家的一个重要观念。"道"就是"璞"（uncarved block，未凿的石料），"璞"本身就是"朴"。没有比无名的"道"更"朴"的东西。其次最"朴"的是"德"，顺"德"而行的人应当过着尽可能"朴"的生活。

顺德而行的生活，超越了善恶的区别。老子告诉我们："天下皆知美之为美，斯恶已；皆知善之为善，斯不善已。"（第二章）所以老子鄙弃儒家的仁、义，以为这些德性都是"道""德"的堕落。因此他说："失道而后德，失德而后仁，失仁而后义，失义而后礼。夫礼者，忠信之薄，而乱之首。"（第三十八章）由此可见道家与儒家的直接冲突。

人们丧失了原有的"德"，是因为他们欲望太多，知识太多。人们要满足欲望，是为了寻求快乐。但是他们力求满足的欲望太多，就得到相反的结果。老子说："五色令人目盲。五音令人耳聋。五味令人口爽。驰骋畋猎，令人心发狂。难得之货，令人行妨。"（第十二章）所以，"祸莫大于不知足，咎莫大于欲得"（第四十六章）。为什么老子强调寡欲，道理就在此。

老子又同样强调弃智。知识本身也是欲望的对象。它也使人能够对于欲望的对象知道得多些，以此作为手段去取得这些对象。它既是欲望的主人，又是欲望的奴仆。随着知识的增加，人们就不再安于知足、知止的地位了。所以《老子》中说："智慧出，有大伪。"（第十八章）

论知行

知易行难，是向来一般人的说法。"言之匪艰，行之惟艰"，更是我们古圣先贤的遗训。就事实上看，言行不相符的人，不拘在什么时候，或什么地方，总是多于言行相符的人。若说他不知，他何以能言？若不是知易行难，又何以能知而不能行？假使我们到南京、北平，遇见伪组织中的人，若与他们私下谈话，恐怕其中有百分之九十九，都承认他们的行为是罪恶的。我们不能说，他们无知，我们只能说，他们的知与行不符。他们知他们的行为是罪恶，而行不能改过来。这岂不是知易行难么？

但三民主义中又有知难行易之说。究竟是知易行难呢，抑或是知难行易呢？在许多人的心目中，成了问题。陶行知先生的名字，本来是陶知行。他或者先以为知易行难，注重在行，故取名先知而后行，后又以为知难行易，注重在知，故改名先行而后知。究竟他的意思，确是如何，我们不得而知，但他把知行二字，颠之倒之，似乎表示他对于知行的看法，先后总有不同。我们可以以此为例，以见在许多人的心目中，有这个关于知行的问题。

有许多人以为，"知易行难"与"知难行易"，这两个命题是矛盾的。如果我们要说"知易行难"，则必须否认"知难行易"。如果我们要说"知难行易"，则必须反对"知易行难"。这种见解，我们以为是错误的，照我们的看法，这两个命题都是可说的，而且都是真的。

古人说：知易行难，是就道德方面的知行说。近人说知难行易，是就技术方面的知行说。就道德方面的知行说，确是知易行难。就技术方面的知行说，确是知难行易。

王阳明说，人人有良知，能当下即分别善恶。他说："知善知恶是良知，为善去恶是格物。"知善知恶属知，为善去恶属行。固然他亦说知行合一，他亦说"知者行之始，行者知之成"，但从始到成，中间很有许多功夫，这许多功夫，即是"致良知"的"致"字所表示者。人人都有良知，而却不是人人都能致良知。这便表示知易行难了。我们虽不完全赞同阳明的良知之说，但道德上的善恶，确是人不待推论而直接能感觉到的。感觉到善则知其为善，恶则知其为恶。在这一点，圣贤与恶人，并没有很大的区别。不过知其为善则行，知其为恶则去，却是极不容易做得到的。此而能做得到，便已进入圣域贤关了。就这一方面说，确是知易行难。就知易说，"愚夫愚妇，可以与知"。就行难说，"虽圣人亦有所不能焉"。

但就技术方面说知行，则确是知难行易。一个匠人，可以盖一所房子。他从经验学来盖房子的方法。用这方法，他能盖房子。但如有人问他，为什么房子要如此盖，他却不能答了。他知其然而不知其所以然。知其然所以能行，不知其所以然，所以虽行而未知。一个学过建筑学的工程师则与匠人不同。他不但会盖房子，而且知道盖房子的方法所根据的原理。他不但知其然，而且知其所以然。知其然者未必知其所以然。知其所以然者必知其然。人的知识，都先是经验的，而后是科学的，人凭经验的知识，即可以有行，但必有科学的知识，才算是有真知。不必有建筑学，人即可以凭经验盖房子。但必有了建筑学，人对于盖房子的方法，才有真正的了解。就这一方面说，确又是知难行易。就行易说，"愚夫愚妇，可以与能"。就知难说，"虽圣人亦有所不知焉"。

由此我们可知，"知易行难"与"知难行易"，这两个命题，各有其应用的范围。如各守其范围，这两个命题，都是可以说的，而且都是真的。

在技术方面，我们应当知"知难行易"，如此我们可以不以经验自限。对于已知其然者，还要进而知其所以然。在道德方面，我们应当知"知易行难"，如此我们可以不以空言为自足，必要使空言进而为实事。

或者说：以上所说，把知行打成两橛。其实知行是合一的。真知必能行，知而不行，只是未知。有真知者自然能行。如此说，还是知难行易是不错的。因为所难者是知。如有真知，则自然能行。

关于此点，我们说：在技术方面说知行，知难行易，本是我们所承认的。有真知者自然能行，亦是我们所承认的。不过若在道德方面说知行，则有真知者是否自然能行，要看所谓真知，是什么意思。你可以说，凡真知必见于行，因为如未见于行，则其知不是真知，知而不行，只是未知。如果所谓真知，是如此的意义，则说有真知者必见之于行，正如说，有必见于行的知者必见之于行。此话固然不错，但在实际上没有多大的意义。照我们的看法，于此应当说，有真知者，如果顺此知之自然发展，则必有行，以继续之。譬如我感觉一种臭气，这是知。如顺此知之自然发展，则我必走开，或掩鼻，这是行。但有时因为别的关系，我不能走开或掩鼻，则我即只有知而无行了。但于此我们亦不能说，我的知非真知。

人在道德方面，对于善恶，亦尝有所感觉，这是知。如顺其此知之自然发展，则我们当然亦可为善去恶。但稍一转念之间，因计较利害，而即不能为善去恶；这亦是常有的事情。所以古人说：初念是圣贤，转念是禽兽。初念是人人都有的或都可有的，所以我们说知易。但谁能完全不受转念的影响呢？一受转念的影响，初念即能知不能行了。所以我们说行难。

近来很有些人误解了知难行易这句话的意义，以为无论对于何事，皆是知难行易。于是做了些文章，拟了些计划，自以为我已经知了，知难行易，行是不成问题的。但一说到行，就包含有技术方面的"如何行"及道德方面的"应该行"。就"如何行"方面说，计划如果真拟得好，自然于行是有很大的帮助。但就"应该行"方面说，当事者另需要一种决心，如古人所谓志者，才能把知变为行，把空言变为实事。"言之匪艰，行之惟艰""知易行难"。古圣先贤的遗训，我们还是要时刻念及，以自警惕的。

再论知行

数月以前，曾写过一篇短文"论知行"。尚有未尽之意，兹再论之。

在上篇短文里，我们说：就道德方面的知说，确是知易行难，就技术方面的知说，确是知难行易。现在我们要补充说者，即就道德方面的知说，我们亦可以说，知难行易。

所谓知有二义，一是认识，一是了解。就其认识之义说，道德方面的知，是容易有的，而道德方面的行，是不容易有的。王阳明说，人人都有知善知恶的良知。良知之知善知恶，"如恶恶臭，如好好色"。皆是当下认识。不待思虑考索。阳明此说，是不错的。人对于价值，如有认识，都是当下认识，不待思虑考索。如有人不能当下认识，则他无论怎样思虑考索，他终不能认识。例如人看见一幅图画，如果此画是美的，而他亦认识其美，他是当下即认识。他如不当下认识，即令有美学家，或艺术批评家，为之百般讲解，他还是不能认识此画的美。

就这一方面说，可以说知易行难。一个人可以认识一件事的道德价值，但他未必能做此等的事。一个人可以认识一幅画的美术价值，但他未必能作此等画。

但就所谓知的了解之义说，则知又是不容易有的。一个人可以认识一件事的道德价值，亦可以行此等的事，但此等事为什么是道德的，他却未必能有了解。比如一个人可以认识一幅画的美，亦可以作此等的画，但此等画为什么是美的，他却未必有了解。道德学及美学的用处，就在这一点。道德学可以说明一件善事为什么是善，可使我们对于善有了解。美学可以说明一件美的东西为什么是美，可使我们对于美有了解。对于善或美的认识，是人人都多少有的，但对于善或美的了解，则不是人人都有的。不但认识善或美的人，不必对于善或美有了解，即能行善事或创作艺术品的人，亦不必对于善或美有了解。

更有些人，虽依其良知觉得有些事办得妥当，他亦可做他所觉得妥当的事，但他可以不知那些事即有道德的价值。比如有些人觉得有些东西看着顺眼，他亦可做他所看着顺眼的东西，但他可以不知那些东西即是美的东西。例如民间流行的歌曲，其音节词意有些都是美的，不过做的人及唱的人或只觉其听着顺耳，而不知这些作品，都有美术的价值。孟子说："由仁义行，非行仁义也。"由仁义行是依照仁义行，行仁义当然亦是依照仁义行，不过不仅只是依照仁义行。于依照仁义的时候，行者不但依照仁义行，而且对于仁义有了解，自觉其是依照仁义行。此是有觉知地依照仁义行，此谓之行仁义。若虽依照仁义行，而对于仁义并无了解，亦不自觉其是依照仁义行，则虽依照仁义行，而不能说是行仁义，只可说是由仁义行。《中庸》说"人莫不饮食也，鲜能知味也"，是这点意思的一个很好的比喻。

由此方面说，我们亦可说，在道德方面，亦是行易知难。

不过在技术方面，知难行易，所以能知即能行。但在道德方面，虽亦可说知难行易，但却不一定能知即能行。知一件事如何行，假如他行，他自然能行。但一个人若知一件事应该行，这个应该未必，即使他真正去行。

有有条件的应该，有无条件的应该。例如医生告诉一个人说，你如果愿意保持健康，你应该起居有节。这个应该是有条件的。道德上的应该是无条件的。对于有条件的应该，一个人如不顾其条件，则其应该即失其效力。一个人可以告诉医生说，我不愿意保持健康，所以我也不必起居有节。道德上的应该，虽是无条件的，但没有强迫人以必从的力量。人的欲求是很复杂的，无论对于有条件的，或无条件的应该，他往往明知其是应该，而因有别的牵扯，不能照着应该行。所以古人说："言之匪艰，行之惟艰。"此说与知难行易并无冲突，是可以并存的。

道德及修养之方

在客观的理中，存有道德的原理。吾人之性，即客观的理之总合。故其中亦自有道德的原理，即仁、义、礼、智是也。朱子云：

仁、义、礼、智，性也。性无形影可以摸索，只是有这理耳。惟情乃可得而见，恻隐、羞恶、辞让、是非，是也。（《语类》卷六，第9页）

又云：

心之所以会做许多，盖具得许多道理。又曰：何以见得有此四者？因其恻隐，知其有仁；因其羞恶，知其有义。（同上，第10页）

理是形而上者，是抽象的，无迹象可寻。不过因吾人有恻隐之情，故可推知吾人性中有恻隐之理，即所谓仁。因吾人有羞恶之情，故可推知吾人性中有羞恶之理，即所谓义。因吾人有辞让之情，故可推知吾人性中有辞让之理，即所谓礼。因吾人有是非之情，故可推知吾人性中有是非之理，即所谓智。盖每一事物，必有其理。若无其理，则此事物不能有也。

吾人之性中，不但有仁、义、礼、智，且有太极之全体。但为气禀所蔽，故不能全然显露。所谓圣人者，即能去此气禀之蔽，使太极之全体完全显露者也。朱子云：

有是理而后有是气，有是气则必有是理。但禀气之清者，为圣为贤，如宝珠在清泠水中。禀气之浊者，为愚为不肖，如珠在浊水中。所谓明明德者，是就浊水中揩拭此珠也。物亦有是理，又如宝珠落在至污浊处。（《语类》卷四，第17页）

又云：

孔子所谓"克己复礼"。《中庸》所谓"致中和，尊德性，道学问"。《大学》所谓"明明德"。《书》曰："人心惟危，道心惟微，惟精惟一，允执厥中。"圣人千言万语，只是教人存天理，灭人欲。……人性本明，如宝珠沉溷水中，明不可见。去了溷水，则宝珠依旧自明。自家若得知是人欲蔽了，便是明处。

只是这上便紧著力主定，一面格物，今日格一物，明日格一物，正如游兵攻围拔守，人欲自销铄去。所以程先生说敬字，只是谓我自有一个明的物事在这里，把个敬字抵敌，常常存个敬在这里，则人欲自然来不得。夫子曰："为仁由己，而由人乎哉！"紧要处正在这里。（《语类》卷十二，第8页）

人得于理而后有其性，得于气而后有其形。性为天理，即所谓"道心"也。因人之有气禀之形而起之情，其"流而至于滥"者，则皆人欲，即所谓"人心"也。人欲亦称私欲。就其为因人之为具体的人而起之情之流而至于滥者而言，则谓之人欲；就其为因人之为个体而起之情之流而至于滥者而言，则谓之私欲。天理为人欲所蔽，如宝珠在浊水中。然人欲终不能全蔽天理，即此知天理为人欲所蔽之知，即是天理之未被蔽处。即此"紧著力主定"，努力用功夫。功夫分两方面，即程伊川所谓用敬与致知。只谓我自有一个明的物事，心中常记此点，即用敬之功夫也。所以须致知者，朱子云：

所谓致知在格物者，言欲致吾之知，在即物而穷其理也。盖人心之灵，莫不有知，而天下之物，莫不有理。惟于理有未穷，故其知有不尽也。是以大学始教，必使学者即凡天下之物，莫不因其已知之理而益穷之，以求至乎其极。至于用力之久，而一旦豁然贯通焉，则众物之表里精粗无不到，而吾心之全体

大用无不明矣。(《大学章句·补格物传》)

"格,至也;物,犹事也。穷至事物之理,欲其极处无不
到也。"(《大学章句》)此朱子格物之说,大为以后陆王学派所
攻击。陆王一派,以此功夫为支离。然就朱子之哲学系统整个
观之,则此格物之修养方法,自与其全系统相协和。盖朱子以
天下事物,皆有其理;而吾心中之性,即天下事物之理之全体。
穷天下事物之理,即穷吾性中之理也。今日穷一性中之理,明
日穷一性中之理。多穷一理,即使吾气中之性多明一点。穷之
既多,则有豁然顿悟之一时。至此时则见万物之理,皆在吾性
中。所谓"天下无性外之物"。至此境界,"则众物之表里精粗
无不到,而吾心之全体大用无不明矣"。用此修养方法,果否
能达到此目的,乃另一问题。不过就朱子之哲学系统言,朱子
固可持此说也。

注:朱子所说格物,实为修养方法,其目的在于明吾心之
全体大用。即陆王一派之道学家批评朱子此说,亦视之为一修
养方法而批评之。若以此为朱子之科学精神,以为此乃专为求
知识者,则诬朱子矣。

精神修养的方法

绝大多数的中国思想家，都有这种柏拉图式的思想，就是，"除非哲学家成为王，或者王成为哲学家"，否则我们就不可能有理想的国家。柏拉图在其《理想国》中，用很长的篇幅讨论，将要做王的哲学家应受的教育。朱熹在上面所引的《答陈同甫书》中，也说"古之圣贤，从本根上便有惟精惟一功夫"。但是做这种功夫的方法是什么？朱熹早已告诉我们，人人，其实是物物，都有一个完整的太极。太极就是万物之理的全体，所以这些理也就在我们内部，只是由于我们的气禀所累，这些理未能明白地显示出来。太极在我们内部，就像珍珠在浊水之中。我们必须做的事，就是使珍珠重现光彩。做的方法，朱熹的和程颐的一样，分两方面：一是"致知"，一是"用敬"。

这个方法的基础在《大学》一书中，新儒家以为《大学》是"初学入德之门"。我在《中国哲学简史》第十六章中讲过，《大学》所讲的修养方法，开始于"致知"和"格物"。
照程朱的看法，"格物"的目的，是"致"我们对于永恒的理
的"知"。

为什么这个方法不从"穷理"开始，而从"格物"开始？
朱熹说："《大学》说格物，却不说穷理。盖说穷理，则似
悬空无捉摸处。只说格物，则只就那形而下之器上，便寻那形
而上之道。"（《朱子全书》卷四十六）换言之，理是抽象
的，物是具体的。要知道抽象的理，必须通过具体的物。我们
的目的，是要知道存在于外界和我们本性中的理。理，我们知
道得越多，则为气禀所蔽的性，我们也就看得越清楚。

朱熹还说："盖人心之灵，莫不有知；而天下之物，莫不
有理。惟于理有未穷，故其知有不尽也。是以大学始教，必使
学者即凡天下之物，莫不因其已知之理而益穷之，以求至乎其
极。至于用力之久，而一旦豁然贯通焉，则众物之表里精粗无
不到，而吾心之全体大用无不明矣。"（《大学章句·补格物
传》）在这里我们再一次看到顿悟的学说。

这本身似乎已经够了，为什么还要辅之以"用敬"呢？回
答是：若不用敬，则格物就很可能不过是一智能练习，而不能
达到预期的顿悟的目的。在格物的时候，我们必须心中记着，
我们正在做的，是为了见性，是为了擦净珍珠，重放光彩。只
有经常想着要悟，才能一朝大悟。这就是用敬的功用。

朱熹的修养方法，很像柏拉图的修养方法。他的人性中有

万物之理的学说，很像柏拉图的宿慧说。照柏拉图所说，"我们在出生以前就有关于一切本质的知识"（《斐德若》篇）。因为有这种宿慧，所以"顺着正确次序，逐一观照各个美的事物"的人，能够"突然看见一种奇妙无比的美的本质"（《会饮》篇）。这也是顿悟的一种形式。

第四章　中国哲学的精神

中国哲学的精神

哲学在中国文化中所占的地位，历来可以与宗教在其他文化中的地位相比。在中国，哲学与知识分子人人有关。在旧时，一个人只要受教育，就是用哲学发蒙。儿童入学，首先教他们读"四书"，即《论语》《孟子》《大学》《中庸》。"四书"是新儒家哲学最重要的课本。有时候，儿童刚刚开始识字，就读一种课本，名叫《三字经》，每句三个字，偶句押韵，朗诵起来便于记忆。这本书实际上是个识字课本，就是它，开头两句也是"人之初，性本善"。这是孟子哲学的基本观念之一。

哲学在中国文化中的地位

西方人看到儒家思想渗透中国人的生活，就觉得儒家是宗教。可是实事求是地说，儒家并不比柏拉图或亚里士多德的学说更像宗教。"四书"诚然曾经是中国人的"圣经",但是"四书"里没有《创世记》,也没有讲天堂、地狱。

当然,哲学、宗教都是多义的名词。对于不同的人,哲学、宗教可能有完全不同的含义。人们谈到哲学或宗教时,心中所想的与之相关的观念,可能大不相同。至于我所说的哲学,就是对于人生的有系统的反思的思想。每一个人,只要他没有死,他都在人生中。但是对于人生有反思的思想的人并不多,其反思的思想有系统的人就更少。哲学家必须进行哲学化,这就是说,他必须对于人生反思地思想,然后有系统地表达他的思想。

这种思想,所以谓之反思的,因为它以人生为对象。人生论、宇宙论、知识论都是从这个类型的思想产生的。宇宙论的产生,是因为宇宙是人生的背景,是人生戏剧演出的舞台。知识论的出现,是因为思想本身就是知识。照西方某些哲学家所说,为了思想,我们必须首先明了我们能够思想什么,这就是说,在我们对人生开始思想之前,我们必须首先"思想我们的思想"。

凡此种种"论",都是反思的思想的产物。就连人生的概念本身、宇宙的概念本身、知识的概念本身,也都是反思的思想的产物。无论我们是否思人生,是否谈人生,我们都是在人生之中。也无论我们是否思宇宙,是否谈宇宙,我们都是宇宙的一部分。不过哲学家说宇宙,物理学家也说宇宙,他们心中所指的并不相同。哲学家所说的宇宙是一切存在之全,相当于古代中国哲学家惠施所说的"大一",其定义是"至大无外"。所以每个人、每个事物都应当看作宇宙的部分。当一个人思想宇宙的时候,他是在反思地思想。

当我们思知识或谈知识的时候,这个思、谈的本身就是知识。用亚里士多德的话说,它是"思想思想",思想思想的思想是反思的思想。哲学家若要坚持在我们思想之前必须首先思想我们的思想,他就在这里陷入邪恶的循环,就好像我们竟有另一种能力可以用它来思想我们的思想!实际上,我们用来思想思想的能力,也就是我们用来思想的能力,都是同一种能力。如果我们怀疑我们思想人生、宇宙的能力,我们也有同样的理由怀疑我们思想思想的能力。

宗教也和人生有关系。每种大宗教的核心都有一种哲学。事实上,每种大宗教就是一种哲学加上一定的上层建筑,包括迷信、教条、仪式和组织。这就是我所说的宗教。

这样来规定"宗教"一词的含义,实际上与普通的用法并无不同,若照这种含义来理解,就可以看出,不能认为儒家是宗教。人们习惯于说中国有三教:儒教、道教、佛教。我们已经看出,儒家不是宗教。至于道家,它是一个哲学的学派;而道教才是宗教,二者有其区别。道家与道教的教义不仅不同,甚至相反。道家教人顺乎自然,而道教教人反乎自然。举例来说,照老子、庄子讲,生而有死是自然过程,人应当平静地顺着这个自然过程。但是道教的主要教义则是如何避免死亡的原理和方术，显然是反乎自然而行的。道教有征服自然的科学精神。对中国科学史有兴趣的人，可以从道士的著作中找到许多资料。

作为哲学的佛学与作为宗教的佛教，也有区别。受过教育的中国人，对佛学比对佛教感兴趣得多。中国的丧祭，和尚和道士一齐参加，这是很常见的。中国人即使信奉宗教，也是有哲学意味的。

现在许多西方人都知道，与别国人相比，中国人一向是最不关心宗教的。例如，德克·布德教授（Derk Bodde）有篇文章，《中国文化形成中的主导观念》，其中说："中国人不以宗教观念和宗教活动为生活中最重要、最迷人的部分。……中国文化的精神基础是伦理（特别是儒家伦理），不是宗教（至少不是正规的、有组织的那一类宗教）。……这一切自然标志出中国文化与其他主要文化的大多数，有根本的重要的不同，后者是寺院、僧侣起主导作用的。"

在一定意义上，这个说法完全正确。但是有人会问：为什么会这样？对于超乎现世的追求，如果不是人类先天的欲望之一，为什么事实上大多数民族以宗教的观念和活动为生活中最重要、最迷人的部分？这种追求如果是人类基本欲望之一，为什么中国人竟是一个例外？若说中国文化的精神基础是伦理，不是宗教，这是否意味着中国人对于高于道德价值的价值，毫无觉解？

高于道德价值的价值，可以叫作"超道德的"价值。爱人，是道德价值；爱上帝，是超道德价值。有人会倾向于把超道德价值叫作宗教价值。但是依我看来，这种价值并不限于宗教，除非此处宗教的含义与前面所说的不同。例如，爱上帝，在基督教里是宗教价值，但是在斯宾诺莎哲学里就不是宗教价值，因为斯宾诺莎所说的上帝实际上是宇宙。严格地讲，基督教的爱上帝，实际上不是超道德的。这是因为，基督教的上帝有人格，从而人爱上帝可以与子爱父相比，后者是道德价值。所以，说基督教的爱上帝是超道德价值，是很成问题的。它是准超道德价值。而斯宾诺莎哲学里的爱上帝才是真超道德价值。

对以上的问题，我要回答说，对超乎现世的追求是人类先天的欲望之一，中国人并不是这条规律的例外。他们不大关心宗教，是因为他们极其关心哲学。他们不是宗教的，因为他们都是哲学的。他们在哲学里满足了他们对超乎现世的追求。他们也在哲学里表达了、欣赏了超道德价值，而按照哲学去生活，也就体验了这些超道德价值。

按照中国哲学的传统，它的功用不在于增加积极的知识（积极的知识，我是指关于实际的信息），而在于提高精神的境界——达到超乎现世的境界，获得高于道德价值的价值。《老子》说："为学日益，为道日损。"（第四十八章）这种损益的不同暂且不论，《老子》这个说法我也不完全同意。现在引用它，只是要表明，中国哲学传统里有为学、为道的区别。为学的目的就是我所说的增加积极的知识，为道的目的就是我所说的提高精神的境界。哲学属于为道的范畴。

哲学的功用，尤其是形上学的功用，不是增加积极的知识，这个看法，当代西方哲学的维也纳学派也作了发挥，不过是从不同的角度，为了不同的目的。我不同意这个学派所说的：哲学的功用只是弄清观念；形上学的性质只是概念的诗。不仅如此，从他们的辩论中还可以清楚地看出，哲学，尤其是形上学，若是试图给予实际的信息，就会变成废话。

宗教倒是给予实际的信息。不过宗教给予的信息，与科学给予的信息，不相调和。所以在西方，宗教与科学向来有冲突。科学前进一步，宗教就后退一步；在科学进展的面前，宗教的权威降低了。维护传统的人们为此事悲伤，为变得不信宗教的人们惋惜，认为他们已经堕落。如果除了宗教，别无获得更高价值的途径，的确应当惋惜他们。放弃了宗教的人，若没有代替宗教的东西，也就丧失了更高的价值。他们只好把自己限于尘世事务，而与精神事务绝缘。不过幸好除了宗教还有哲学，为人类提供了获得更高价值的途径——一条比宗教提供的途径更为直接的途径。

因为在哲学里，为了熟悉更高的价值，无须采取祈祷、礼拜之类的迂回的道路。通过哲学而熟悉的更高价值，比通过宗教而获得的更高价值，甚至要纯粹得多，因为后者混杂着想象和迷信。在未来的世界，人类将要以哲学代宗教。这是与中国传统相合的。人不一定应当是宗教的，但是他一定应当是哲学的。他一旦是哲学的，他也就有了正是宗教的洪福。

中国哲学的问题和精神

以上是对哲学的性质和功用的一般性讨论。以下就专讲中国哲学。中国哲学的历史中有个主流，可以叫作中国哲学的精神。为了了解这个精神，必须首先弄清楚绝大多数中国哲学家试图解决的问题。

有各种的人。对于每一种人，都有那一种人所可能有的最高的成就。例如从事实际政治的人，所可能有的最高成就是成为大政治家；从事艺术的人，所可能有的最高成就是成为大艺术家。人虽有各种，但各种的人都是人。专就一个人是人说，所可能有的最高成就是成为什么呢？照中国哲学家们说，那就是成为圣人，而圣人的最高成就是个人与宇宙的同一。问题就在于，人如欲得到这个"同一"，是不是必须离开社会，或甚至必须否定"生"？

照某些哲学家说，这是必需的。佛家就说，生就是人生苦痛的根源。柏拉图也说，肉体是灵魂的监狱。有些道家的人"以生为附赘悬疣，以死为决疴溃痈"。这都是以为，欲得到

最高的成就，必须脱离尘罗世网，必须脱离社会，甚至脱离
"生"。只有这样，才可以得到最后的解脱。这种哲学，即普
通所谓"出世的哲学"。

另有一种哲学，注重社会中的人伦和世务。这种哲学只讲
道德价值，不会讲或不愿讲超道德价值。这种哲学，即普通所
谓"入世的哲学"。从入世的哲学观点看，出世的哲学是太理
想主义的、无实用的、消极的。从出世的哲学观点看，入世的
哲学太现实主义了、太肤浅了。它也许是积极的，但是就像走
错了路的人的快跑：越跑得快，越错得很。

有许多人说，中国哲学是入世的哲学。很难说这些人说的
完全对了，或完全错了。从表面上看中国哲学，不能说这些人
说错了，因为从表面上看中国哲学，无论哪一家思想，都是
或直接或间接地讲政治、说道德。在表面上，中国哲学所注
重的是社会，不是宇宙；是人伦日用，不是地狱天堂；是人
的今生，不是人的来世。孔子有个学生问死的意义，孔子回答
说："未知生，焉知死？"（《论语·先进》）孟子说："圣
人，人伦之至也。"（《孟子·离娄上》）照字面讲，这句话
是说，圣人是社会中的道德完全的人。从表面上看，中国哲学
的理想人格，也是入世的。中国哲学中所谓"圣人"，与佛教
中所谓"佛"，以及基督教中所谓"圣者"，是不在一个范畴
中的。从表面上看，儒家所谓"圣人"似乎尤其是如此。在古
代，孔子以及儒家的人，被道家的人大加嘲笑，原因就在此。

不过这只是从表面上看而已，中国哲学不是可以如此简单地了解的。专就中国哲学中主要传统说，我们若了解它，我们不能说它是入世的，固然也不能说它是出世的。它既入世而又出世。有位哲学家讲到宋代的新儒家，这样地描写他："不离日用常行内，直造先天未画前。"这正是中国哲学要努力做到的。有了这种精神，它就是最理想主义的，同时又是最现实主义的；它是很实用的，但是并不肤浅。

入世与出世是对立的，正如现实主义与理想主义也是对立的。中国哲学的任务，就是把这些反命题统一成一个合命题。这并不是说，这些反命题都被取消了。它们还在那里，但是已经被统一起来，成为一个合命题的整体。如何统一起来？这是中国哲学所求解决的问题。求解决这个问题，是中国哲学的精神。

中国哲学以为，一个人不仅在理论上而且在行动上完成这个统一，就是圣人。他是既入世而又出世的。中国圣人的精神成就，相当于佛教的佛、西方宗教的圣者的精神成就。但是中国的圣人不是不问世务的人。他的人格是所谓"内圣外王"的人格。"内圣"，是就其修养的成就说；"外王"，是就其在社会上的功用说。圣人不一定有机会成为实际政治的领袖。就实际的政治说，他大概一定是没有机会的。所谓"内圣外王"，只是说，有最高的精神成就的人，按道理说可以为王，而且最宜于为王。至于实际上他有机会为王与否，那是另外一回事，亦是无关宏旨的。

照中国的传统，圣人的人格既是"内圣外王"的人格，那么哲学的任务，就是使人有这种人格。所以哲学所讲的就是中国哲学家所谓"内圣外王"之道。

这个说法很像柏拉图所说的"哲学家——王"。照柏拉图所说，在理想国中，哲学家应当为王，或者王应当是哲学家；一个人为了成为哲学家，必须经过长期的哲学训练，使他的心灵能够由变化的事物世界"转"入永恒的理世界。柏拉图说的，和中国哲学家说的，都是认为哲学的任务是使人有"内圣外王"的人格。但是照柏拉图所说，哲学家一旦为王，这是违反他的意志的，换言之，这是被迫的，他为此作出了重大牺牲。古代道家的人也是这样说的。据说有个圣人，被某国人请求为王，他逃到一个山洞里躲起来。某国人找到这个洞，用烟把他熏出来，强迫他担任这个苦差事（见《吕氏春秋·贵生》）。这是柏拉图和古代道家的人相似的一点，也显示出道家哲学的出世品格。到了公元3世纪，新道家郭象，遵循中国哲学的主要传统，修正了这一点。

儒家认为，处理日常的人伦世务，不是圣人分外的事。处理世务，正是他的人格完全发展的实质所在。他不仅作为社会的公民，而且作为"宇宙的公民"，即孟子所说的"天民"，来执行这个任务。他一定要自觉他是宇宙的公民，否则他的行为就不会有超道德的价值。他若当真有机会为王，他也会乐于为人民服务，既作为社会的公民，又作为宇宙的公民，履行职责。

由于哲学讲的是"内圣外王"之道，所以哲学必定与政治思想不能分开。尽管中国哲学各家不同，各家哲学无不同时提出了它的政治思想。这不是说，各家哲学中没有形上学，没有伦理学，没有逻辑学。这只是说，所有这些哲学都以这种或那种方式与政治思想联系着，就像柏拉图的《理想国》，既代表他的整个哲学，同时又是他的政治思想。

举例来说，名家以沉溺于"白马非马"之辩而闻名，似乎与政治没有什么联系。可是名家领袖公孙龙"欲推是辩，以正名实，而化天下焉"（《公孙龙子·迹府》）。我们常常看到，今天世界上每个政治家都说他的国家如何希望和平，但是实际上，他讲和平的时候往往就在准备战争。在这里，也就存在着名实关系不正的问题。公孙龙以为，这种不正关系必须纠正。这确实是"化天下"的第一步。

由于哲学的主题是"内圣外王"之道，所以学哲学不单是要获得这种知识，而且是要养成这种人格。哲学不单是要知道它，而且是要体验它。它不单是一种智力游戏，而是比这严肃得多的东西。正如我的同事金岳霖教授在一篇未刊的手稿中指出的："中国哲学家都是不同程度的苏格拉底。其所以如此，是因为道德、政治、反思的思想、知识都统一于一个哲学家之身；知识和德性在他身上统一而不可分。他的哲学需要他生活于其中；他自己以身载道。遵守他的哲学信念而生活，这是他的哲学组成部分。他要做的事就是修养自己，连续地、一贯地保持无私无我的纯粹经验，使他能够与宇宙合一。显然这个修养过程不能中断，因为一中断就意味着自我复萌，丧失他的宇宙。因此在认识上他永远摸索着，在实践上他永远行动着，或尝试着行动。这些都不能分开，所以在他身上存在着哲学家的合命题，这正是'合命题'一词的本义。他像苏格拉底，他的哲学不是用于打官腔的。他更不是尘封的陈腐的哲学家，关在书房里，坐在靠椅中，处于人生之外。对于他，哲学从来就不只是为人类认识摆设的观念模式，而是内在于他的行动的箴言体系；在极端的情况下，他的哲学简直可以说是他的传记。"

中国哲学家表达自己思想的方式

初学中国哲学的西方学生经常遇到两个困难。一个当然是语言障碍；另一个是中国哲学家表达他们的思想的特殊方式。我先讲后一个困难。

人们开始读中国哲学著作时，第一个印象也许是，这些言论和文章都很简短，没有联系。打开《论语》，你会看到每章只有寥寥数语，而且上下章几乎没有任何联系。打开《老子》，你会看到全书只约有五千字，不长于杂志上的一篇文章，可是从中却能见到老子哲学的全体。习惯于精密推理和详细论证的学生，要了解这些中国哲学到底在说什么，简直感到茫然。他会倾向于认为，这些思想本身就是没有内部联系吧。如果当真如此，那还有什么中国哲学。因为没有联系的思想是不值得名为哲学的。

可以这么说：中国哲学家的言论、文章没有表面上的联系，是由于这些言论、文章都不是正式的哲学著作。照中国的传统，研究哲学不是一种职业。每个人都要学哲学，正像西方人都要进教堂。学哲学的目的，是使人作为人能够成为人，而不是成为某种人。其他的学习（不是学哲学）是使人能够成为某种人，即有一定职业的人。所以过去没有职业哲学家，非职业哲学家也就不必有正式的哲学著作。在中国，没有正式的哲学著作的哲学家，比有正式的哲学著作的哲学家多得多。若想研究这些人的哲学，只有看他们的语录或写给学生、朋友的信。这些信写于他一生的各个时期，语录也不只是一人所记。所以它们不相联系，甚至互相矛盾，这是可以预料的。

以上所说可以解释为什么有些哲学家的言论、文章没有联系，还不能解释它们为什么简短。有些哲学著作，像孟子的和荀子的，还是有系统的推理和论证。但是与西方哲学著作相比，它们还是不够明晰。这是由于中国哲学家惯于用名言隽语、比喻例证的形式表达自己的思想。《老子》全书都是名言隽语，《庄子》各篇大都充满比喻例证。这是很明显的。但是，甚至在上面提到的孟子、荀子著作，与西方哲学著作相比，还是有过多的名言隽语、比喻例证。名言隽语一定很简短；比喻例证一定无联系。

因而名言隽语、比喻例证就不够明晰。它们明晰不足而暗示有余，前者从后者得到补偿。当然，明晰与暗示是不可得兼的。一种表达，越是明晰，就越少暗示，正如一种表达，越是散文化，就越少诗意。正因为中国哲学家的言论、文章不很明晰，所以它们所暗示的几乎是无穷的。

富于暗示，而不是明晰得一览无遗，是一切中国艺术的理想，诗歌、绘画以及其他无不如此。拿诗来说，诗人想要传达的往往不是诗中直接说了的，而是诗中没有说的。照中国的传统，好诗"言有尽而意无穷"。所以聪明的读者能读出诗的言外之意，能读出书的行间之意。中国艺术这样的理想，也反映在中国哲学家表达自己思想的方式里。

中国艺术的理想，不是没有它的哲学背景的。《庄子》的《外物》篇说："筌者所以在鱼，得鱼而忘筌。蹄者所以在兔，得兔而忘蹄。言者所以在意，得意而忘言。吾安得夫忘言之人而与之言哉！"与忘言之人言，是不言之言。《庄子》中谈到两位圣人相见而不言，因为"目击而道存矣"（《田子方》）。照道家说，道不可道，只可暗示。言透露道，是靠言的暗示，不是靠言的固定的外延和内涵。言一旦达到了目的，就该忘掉。既然再不需要了，何必用言来自寻烦恼呢？诗的文字和音韵是如此，画的线条和颜色也是如此。

公元3世纪、4世纪，中国最有影响的哲学是"新道家"，史称"玄学"。那时候有部书名叫《世说新语》，记载汉晋以来名士们的佳话和韵事，说的话大都很简短，有的只有几个字。这部书《文学》篇说，有位大官向一个哲学家（这位大官本人也是哲学家）问老、庄与孔子的异同。哲学家回答说："将无同？"意思是：莫不是同吗？大官非常喜欢这个回答，马上任命这个哲学家为他的秘书，当时称为"掾"，由于这个回答只有三个字，世称"三语掾"。他不能说老、庄与孔子毫不相同，也不能说他们一切相同。所以他以问为答，的确是很妙的回答。

《论语》《老子》中简短的言论，都不单纯是一些结论，而推出这些结论的前提都给丢掉了。它们都是富于暗示的名言隽语。暗示才耐人寻味。你可以把你从《老子》中发现的思想全部收集起来，写成一部五万字甚至五十万字的新书。不管写得多么好，它也不过是一部新书。它可以与《老子》原书对照着读，也可以对人们理解原书大有帮助，但是它永远不能取代原书。

我已经提到过郭象，他是《庄子》的大注释家之一。他的注，本身就是道家文献的经典。他把《庄子》的比喻、隐喻变成推理和论证，把《庄子》诗的语言翻成他自己的散文语言。他的文章比庄子的文章明晰多了。但是，庄子原文的暗示，郭象注的明晰，二者之中，哪个好些？人们仍然会这样问。后来

有一位禅宗和尚说："曾见郭象注庄子，识者云：却是庄子注郭象。"（《大慧普觉禅师语录》卷二十二）

语言障碍

一个人若不能读哲学著作原文，要想对它们完全理解、充分欣赏，是很困难的，对于一切哲学著作来说都是如此。这是由于语言的障碍。加以中国哲学著作富于暗示的特点，使语言障碍更加令人望而生畏了。中国哲学家的言论、著作富于暗示之处，简直是无法翻译的。只读译文的人，就丢掉了它的暗示，这就意味着丢掉了许多。

一种翻译，终究不过是一种解释。比方说，有人翻译一句《老子》，他就是对此句的意义作出自己的解释。但是这句译文只能传达一个意思，而在实际上，除了译者传达的这个意思，原文还可能含有许多别的意思。原文是富于暗示的，而译文则不是，也不可能是。所以译文把原文固有的丰富内容丢掉了许多。

《老子》《论语》现在已经有多种译本。每个译者都觉得别人的翻译不能令人满意。但是无论译得多好，译本也一定比原本贫乏。需要把一切译本，包括已经译出的和其他尚未译出的，都结合起来，才能把《老子》《论语》原本的丰富内容显示出来。

　　公元5世纪的鸠摩罗什，是把佛经译为汉文的最大翻译家之一。他说，翻译工作恰如嚼饭喂人。一个人若不能自己嚼饭，就只好吃别人嚼过的饭。不过经过这么一嚼，饭的滋味、香味肯定比原来乏味多了。

儒家哲学之精神

中国的儒家，并不注重为知识而求知识，主要的在求理想的生活。求理想的生活，是中国哲学的主流，也是儒家哲学精神所在。

理想生活是怎样的？《中庸》说"极高明而道中庸"，正可借为理想生活之说明。儒家哲学所求之理想生活，是超越一般人的日常生活，而又即在一般人的日常生活之中。超越一般人的日常生活，是极高明之意，而即在一般人的日常生活之中，乃是中庸之道。所以这种理想生活，对于一般人的日常生活，可以说是"不即不离"，用现代的话说，最理想的生活，亦是最现实的生活。

理想和现实本来是相对立的。超越日常生活，和即在一般人日常生活之中，也是对立的。在中国旧时哲学中，有动静的对立，内外的对立，本末的对立，出世入世的对立，体用的对立。这些对立，简言之，就是高明与中庸的对立。儒家所要求的理想生活，即在统一这种对立。"极高明而道中庸"，中间的"而"字，正是统一的表示。但如何使极高明和中庸统一起来，是中国哲学自古至今所要解决的问题。此问题得到解决，便是中国哲学的贡献。

"极高明而道中庸"，所谓"极高明"是就人的境界说，"道中庸"是就人的行为说。境界是什么？这里首先要提出一个问题：人和禽兽不同的地方何在？孟子说："人之所以异于禽兽者几希！"不同者只一点点。照生物学讲，人也是动物之一。人要饮食，禽兽也要饮食；人要睡觉，禽兽也要睡觉，并无不同之处。有人以为人是有社会组织的，禽兽没有，这是人兽分别所在。可是仔细一想，并不尽然。人固有社会组织，而蜜蜂、蚂蚁也是有组织的，也许比人的组织还要严密。所以有无组织，也不是人兽不同之点。然而人与禽兽所异之几希何在？照我的意思，是在有觉解与否。禽兽和人同样有活动，而禽兽并不了解其活动的作用，毫无自觉。人不然，人能了解其活动的作用，并有自觉。再明显一点说：狗要吃饭，人也要吃饭，但是狗吃饭未必了解其作用，不知道这是怎么一回事，无非看见有东西去吃。人不同，能了解吃饭的作用，也能自觉其需要。又如蚂蚁也能出兵打仗，可是蚂蚁不明白打仗之所以然，它之所以出兵打仗者，不过出于本能罢了。而人不然，出兵打仗，能知道其作用，有了解也有自觉。这是人与禽兽不同之点。

自觉和了解，简言可称之为觉解。人有了觉解，就显出与禽兽之不同。事物对于人才有了意义。觉解有高低之分，故意义亦有多少之别。意义生于觉解，举例以明之：比如现在这里演讲，禽兽听了，便不知所以，演讲于它毫无意义。未受教育的人听了，虽然他了解的比禽兽多，知道有人在演讲，但也不知道所讲的是什么，演讲于他是没有什么意义的。假使受过教育的人听了，知道是演讲哲学，就由了解生出了意义。又以各人所受教育有不同，其觉解也有分别，如两个人玩山，学地质者，必鉴别此山是火成岩抑或水成岩；学历史者，必注意其有无古迹名胜了，两个人同玩一山，因觉解不同，其所生意义也就两样了。

宇宙和人生，有不同的觉解者，其所觉解之宇宙则一也。因人的觉解不同，意义亦各有异。这种不同的意义，构成了各人的境界。所以每人的境界也是不相同的。这种说法，是介乎常识与佛法之间。佛家说：各人都有自己的世界，"如众灯明，各徧似一"。一室之中有很多的灯，各有其所发的光，不过因其各居于室中，所以似乎只有一个光。但以常识言，此世界似无什么分别，各个人都在一个世界的。各人的境界虽然不同，但也可以分为四类：

一、自然境界。自然境界在其中的人，其行为是顺才或顺习的，所谓"行乎其所不得不行，止乎其所不得不止"，并不了解其意义与目的，无非凭他的天资，认为要这样做，就这样做了。如入经济系的学生，他是认为对经济有兴趣，但并不知道读了经济有什么好处，这是由于顺才。再如入经济系的学生，亦有因为入经济系人多即加入的，原无兴趣关系，更不明白益处所在，看见大家也去了，这是由于顺习。《诗经》的诗是当时的民间歌谣，作者未必知其价值如何，只凭其天才而为之，也是由于顺才。日出而作、日入而息的人，不知作息之所以，也是由于顺习。他如天真烂漫的小孩，一无所知，亦属自然境界。高度工业化的人，只知道到时上工退工，拿薪水，也可以说是自然境界的。自然境界的人，所做的事，价值也有高低，而他对于价值，并不了解的，顺其天资与习惯，浑浑噩噩为之而已！

二、功利境界。功利境界在其中的人，其行为是为利的。图谋功利的人，对于行为和目的，非常清楚，他的行为、他的目的都是为利，利之所在，尽力为之，和自然境界的人决然不同，其行为如为增加自己的财产，或是提高个人的地位，皆是为利。为利的人都属功利境界。

三、道德境界。道德境界在其中的人，其行为是为义的。义利之辨，为中国哲学家重要之论。孔子说："君子喻于义，小人喻于利。"孟子说："鸡鸣而起，孜孜为善者，舜之徒也。鸡鸣而起，孜孜为利者，跖之徒也。欲知舜与跖之分，无他，利与善之间也。"这个分际，也就是功利境界与道德境界的区别。有人对于义与利的分别，每有误解，以为行义者不能讲利，讲利的不能行义。如修铁路、办工厂都是为利，儒家必以为这种事都是不义的。有人以为孔孟之道，亦有矛盾之处，孔子既说"君子喻于义，小人喻于利"，则孔子就不应该讲利。但是"子适卫，冉有仆，子曰：庶矣哉！冉有曰：既庶矣，又何加焉？曰：富之"，这不是讲利么？孟子见了梁惠王，"王曰：叟，不远千里而来，亦将有以利吾国乎？孟子对曰：王何必曰利，亦有仁义而已矣"，足见孟子是重仁义的，但是他贡献梁惠王的经济计划却说："不违农时，谷不可胜食也；数罟不入洿池，鱼鳖不可胜食也；斧斤以时入山林，材木不可胜用也。谷与鱼鳖不可胜食，材木不可胜用，是使民养生丧死无憾也。养生丧死无憾，王道之始也。"这都是讲利的，和仁义是否有矛盾呢？不过要知道，利有公私之别，如果为的是私利，自然于仁义有背；要是为的是公利，此利也就是义了，不但与义不相背，并且是相成的。程伊川亦说：义与利的分别，也就是公与私的不同。然则梁惠王所问何以利吾国，这似乎是公利，为什么孟子对曰：何必曰利。殊不知梁惠王之视国，如一般人之视家然，利国即利他自己。这就不是公利了。总之，为己求利的行为，是功利境界。为人求利的行为，是道德境界。

一个人为什么要行义，照儒家说，并没有为什么，如有目的，那就是功利境界了。据儒家说，这种境界里的人，了解人之所以为人，认识人之上还有"全"——社会之全。人不过"全"之一部分，去实行对于"全"之义务，所以要行义。这事要附带说明全体和部分的先后，二者究竟孰先孰后，论者不一。以常识言：自然部分在先，有部分，才有全体。像房子，当然要先有梁柱，架起来才能成为房子。梁柱是部分的，房子是全体的，部分在先，似乎很明显。然而细细研究，并不尽然，假使没有房子，梁也不成其为梁，柱也不成其为柱，只是一个大木材而已。梁之所以为梁，柱之所以为柱，是由于有了房子而显出来的。这样讲来，可以说有全体才有部分，则全体在先，亦不为无理。孔孟亦说人不能离开人伦，意亦全体在先。亚里士多德说："人是政治动物。"其意是：人必须在政治社会组织中，始能实现人之所以为人，否则不能成为人，无异一堆肉，俗谚所谓行尸走肉而已。正像桌子的腿，离了桌子，不能成为桌腿，不过一根棍子而已。所以个人应该对社会有所贡献，替社会服务。但也有人说：个人和社会是对立的，社会是压迫个人自由的。可是在道德的观点来看，便是错误。如果认为社会压迫个人，主张要把人从社会中解放出来的话，无异说梁为房子所压迫，应予解放，但是解放之后，梁即失去了作用，不成其为梁了。

四、天地境界。天地境界在其中的人，其行为是事天的。天即宇宙，要知道，哲学所说的宇宙和科学所说的宇宙是不同的。科学的宇宙，是物质结构；哲学的宇宙，是"全"的意思。一切东西都包括在内，亦可称之为大全。在这种"全"之外，再没有别的东西了。所以我们不能说我要离开宇宙，也不能问宇宙以外有什么东西，因为这个宇宙是无所不包的。天地境界的人，了解有大全，其一切行为，都是为天地服务；照中国旧时说，在天地境界的人是圣人，在道德境界的人是贤人，在功利自然境界的人，那就是我们这一群了。

境界有高低，即以觉解的多寡为标准。自然境界的人，其觉解比功利境界的人为少。道德境界的人的觉解，又比天地境界的人为少。功利境界的人，知道有个人；道德境界的人，知道有社会；天地境界的人，除知道有个人、社会外，还知道有大全。不过他的境界虽高，所做的事，还是和一般人一样。在天地境界的人，都是为天地服务，像《中庸》所说："赞天地之化育，则可以与天地参矣。"并非有呼风唤雨、移山倒海之奇能。要知我们的一举一动，都有天地之化育。如了解其是天地化育之化育，我们的行动就是赞天地之化育，否则，即为天地所化育了。像禽兽与草木，因为它不了解，所以为天地所化育了。人如没有了解，也是要为天地所化育。圣人固可有特别才能，但也可以做普通人所做的事，因为他有了解，了解很高深，所以所做的事，意义不同，境界也不同。禅宗说："担水砍柴，无非妙道。"如今公务员如果去担水砍柴，意义也就不同。因为他的担水砍柴是为了"抗战"，并不是为生活，妙道即在日常生活。如欲在日常生活之外另找妙道，那无异骑驴觅驴了。

总而言之，圣贤之所以境界高，并非有奇才异能，即有，亦系另一回事，与境界的高低无干，无非对于一般人的生活有充分的了解。圣人的生活，原也是一般人的日常生活，不过他比一般人对于日常生活的了解更为充分。了解有不同，意义也有了分别，因而他的生活超越了一般人的日常生活。

所谓一般人的日常生活，就是在他的社会地位里所应该做的生活。照旧时的说法：就是为臣要尽忠，为子要尽孝。照现代的说法：就是每个人要站在自己的岗位上做他应该做的事。圣人也不过做到了这一点。有人这样说：人人每天做些平常的事，世界上就没有创作发明了。也有人说：中国之所以创作发明少，即由于儒家提倡平常生活，因而进步比西洋差。其实这个批评是错误的。圣人做的事，就是一般人所做的事，但并没有不准他有创作发明，每个人站在岗位上做其应做之事，此岗位如果应该有创作发明，他就应该去创作发明，我们并没说一个人在岗位上做事不应该创作发明的。

以上所说的四种境界，不是于行为外独立存在的。在不同境界的人，可以有相同的行为，不过行为虽然相同，而行为对于他们的意义，那就大不相同了。境界不能离开行为的，这并不是逃避现实，因为现实里边应该做的，圣人一定去力行，圣人所以为圣人，不是离了行为光讲境界。不然，不但是错误，而且是笑话。比如父母病了，我以为我有道德境界，不去找医生，这不是笑话吗？要知道德境界是跟行为来的。没有行为，也就没有境界了。人的境界即在行为之中，这个本来如此，"极高明而道中庸"者，就是对于本来如此有了充分了解，不是索隐行径，离开了本来，做些奇怪的事。

孔子：第一位教师

孔子姓孔名丘，公元前551年生于鲁国，它位于中国东部的现在的山东省。他的祖先是宋国贵族成员，宋国贵族是商朝王室的后代，商朝是周朝的前一个朝代。在孔子出生以前，他的家由于政治纠纷已经失去贵族地位，迁到鲁国。

孔子一生事迹详见《史记》的《孔子世家》。从这篇"世家"我们知道孔子年轻时很穷，五十岁时进入了鲁国政府，后来做了高官。一场政治阴谋逼他下台，离乡背井。此后十三年他周游列国，总希望找到机会，实现他的政治、社会改革的理想。可是一处也没有找到，他年老了，最后回到鲁国，过了三年就死了，死于公元前479年。

孔子和《六经》

前一章[1]说过，各家哲学的兴起，是与私人讲学同时开始的。就现代学术界可以断定的而论，孔子是中国历史上第一个

---

1 本文中的"前一章"，均指冯友兰《中国哲学简史》第三章《各家的起源》。

以私人身份教了大量学生的人，他周游列国时有大批学生跟随着。照传统说法，他有几千个学生，其中有几十人成为著名的思想家和学者。前一个数目无疑是太夸大了，但是毫无问题的是，他是个很有影响的教师，而更为重要和独一无二的是，他是中国的第一位私学教师。他的思想完善地保存在《论语》里。他的一些弟子将他分散的言论编成集子，名为"论语"。

孔子是一位"儒"，是儒家创建人。前一章提到，刘歆说儒家"游文于'六经'之中，留意于仁义之际"。"六经"就是《易》、《诗》、《书》、《礼》、《乐》（今佚）、《春秋》（鲁国编年史，起自公元前722年，讫于公元前479年，即孔子卒年）。这些经的性质由书名就可以知道，唯有《易》是例外。《易》被后来儒家的人解释成形上学著作，其实本来是一部卜筮之书。

孔子与"六经"的关系如何，传统学术界有两派意见。一派认为，"六经"都是孔子的著作；另一派则认为，孔子是《春秋》的著者，《易》的注者，《礼》《乐》的修订者，《诗》《书》的编者。

可是事实上，无论哪一经，孔子既不是著者，也不是注者，甚至连编者也不是。可以肯定，在许多方面他都是维护传统的保守派。他的确想修订礼乐，那也是要纠正一切偏离传统的标准和做法，这样的例子在《论语》中屡见不鲜。再从《论语》中关于孔子的传说来看，他从来没有任何打算，要亲自为后代著作什么东西。还没有听说当时有私人著作的事。私人著作是孔子时代之后才发展起来的，在他以前只有官方著作。他是中国的第一位私人教师，而不是中国的第一位私人著作家。

在孔子的时代以前已经有了"六经"。"六经"是过去的文化遗产。"六经"又叫作"六艺"，是周代封建制前期数百年中贵族教育的基础。可是大约从公元前7世纪开始，随着封建制的解体，贵族的教师们，甚至有些贵族本人——他们已经丧失爵位，但是熟悉典籍——流散在庶民之中。前一章说过，他们这时靠教授典籍为生，还靠在婚丧祭祀及其他典礼中"相礼"为生。这一种人就叫作"儒"。

孔子作为教育家

不过孔子不只是普通意义上的"儒"。在《论语》里他被描写成只是一个教育家。从某种观点看来，也的确是如此。他期望他的弟子成为对国家、对社会有用的"成人"（《论语·宪问》），所以教给他们以经典为基础的各门知识。作为教师，他觉得他的基本任务，是向弟子们解释古代文化遗产。《论语》记载，孔子说他自己"述而不作"（《论语·述而》），就是这个缘故。不过这只是孔子的一个方面，他还有另一方面。这就是，在传述传统的制度和观念时，孔子给予它们的解释，是由他自己的道德观推导出来的。例如在解释"三年之丧"这个古老的礼制时,孔子说:"子生三年,然后免于父母之怀。夫三年之丧,天下之通丧也。"(《论语·阳货》)换句话说,儿子的一生,至少头三年完全依赖父母,因此父母死后他应当以同样长的时间服丧,表示感恩。还有在讲授经典时,孔子给予它们以新的解释。例如讲到《诗经》时,他强调它的道德价值,说:"《诗》三百,一言以蔽之,曰:'思无邪。'"(《论语·为政》)这样一来,孔子就不只是单纯地传述了,因为他在"述"里"作"出了一些新的东西。

这种"以述为作"的精神,被后世儒家的人传之永久,经书代代相传时,他们就写出了无数的注疏。后来的《十三经注疏》,就是用这种精神对经书原文进行注释而形成的。

正是这样,才使孔子不同于当时寻常的儒,而使他成为新学派的创建人。正因为这个学派的人都是学者,同时又是"六经"的专家,所以这个学派被称为"儒家"。

正名

孔子除了对经典作出新的解释以外,还有他自己的对于个人与社会、天与人的理论。

关于社会。他认为,为了有一个秩序良好的社会,最重要的事情是实行他所说的正名。就是说,"实"应当与"名"为它规定的含义相符合。有个学生问他，若要您治理国家，先做什么呢？孔子说："必也正名乎！"（《论语·子路》）又有个国君问治理国家的原则，孔子说："君君，臣臣，父父，子子。"（《论语·颜渊》）换句话说，每个名都有一定的含义，这种含义就是此名所指的一类事物的本质。因此，这些事物都应当与这种理想的本质相符。君的本质是理想的君必备的，即所谓"君道"。君，若按君道而行，他才于实、于名，都是真正的君。这就是名实相符。不然的话，他就不是君，即使他可以要人们称他为君。在社会关系中，每个名都含有一定的责任和义务。君、臣、父、子都是这样的社会关系的名，负有这些名的人都必须相应地履行他们的责任和义务。这就是孔子正名学说的含义。

仁、义

关于人的德性，孔子强调仁和义，特别是仁。义是事之"宜"，即"应该"，它是绝对的命令。社会中的每个人都有一定的应该做的事，必须为做而做，因为做这些事在道德上是对的。如果做这些事只出于非道德的考虑，即使做了应该做的事，这种行为也不是义的行为。用一个常常受孔子和后来儒家的人蔑视的词来说，那就是为"利"。在儒家思想中，义与利是直接对立的。孔子本人就说过："君子喻于义，小人喻于利。"（《论语·里仁》）在这里已经有了后来儒家的人所说的"义利之辨"，他们认为义利之辨在道德学说中是极其重要的。

义的观念是形式的观念，仁的观念就具体多了。人在社会中的义务，其形式的本质就是它们的"应该"，因为这些义务都是他应该做的事。但是这些义务的具体的本质则是"爱人"，就是"仁"。父行父道爱其子，子行子道爱其父。有个学生问什么是仁，孔子说："爱人。"（《论语·颜渊》）真正爱人的人，是能够履行社会义务的人。所以在《论语》中可以看出，有时候孔子用"仁"字不光是指某一种特殊德性，而且是指一切德性的总和。所以"仁人"一词与"全德之人"同义。在这种情况下，"仁"可以译为 perfect virtue（"全德"）。

忠、恕

《论语》记载："仲弓问仁。子曰：'……己所不欲，勿施于人。'"（《颜渊》）孔子又说："夫仁者，己欲立而立人，己欲达而达人。能近取譬，可谓仁之方也已。"（《论语·雍也》）

由此看来，如何实行仁，在于推己及人。"己欲立而立人，己欲达而达人"，换句话说，己之所欲，亦施于人，这是推己及人的肯定方面，孔子称之为"忠"，即"尽己为人"。推己及人的否定方面，孔子称之为恕，即"己所不欲，勿施于人"。推己及人的这两个方面合在一起，就叫作忠恕之道，就是"仁之方"（实行"仁"的方法）。

后来的儒家，有些人把忠恕之道叫作"絜矩之道"。就是说，这种"道"是以本人自身为尺度，来调节本人的行为。公元前3世纪、2世纪儒家有一部论文集名叫"礼记"，其中有一篇《大学》，说："所恶于上，毋以使下。所恶于下，毋以事上。所恶于前，毋以先后。所恶于后，毋以从前。所恶于右，毋以交于左。所恶于左，毋以交于右。此之谓絜矩之道。"

《礼记》另有一篇《中庸》，相传是孔子之孙子思所作，其中说："忠恕违道不远。施诸己而不愿，亦勿施于人。……所求乎子，以事父。……所求乎臣，以事君。……所求乎弟，以事兄。……所求乎朋友，先施之。"

《大学》所举的例证，强调忠恕之道的否定方面；《中庸》所举的例证，强调忠恕之道的肯定方面。不论在哪个方面，决定行为的"絜矩"都在本人自身，而不在其他东西之中。

忠恕之道同时就是仁道，所以行忠恕就是行仁。行仁就必然履行在社会中的责任和义务，这就包括了义的性质。因而忠恕之道就是人的道德生活的开端和终结。《论语》有一章说："子曰：'参乎！吾道一以贯之。'曾子曰：'唯。'子

出，门人问曰："何谓也？"曾子曰："夫子之道，忠恕而已矣。'"（《里仁》）

每个人在自己心里都有行为的"絜矩"，随时可以用它。实行仁的方法既然如此简单，所以孔子说："仁远乎哉？我欲仁，斯仁至矣。"（《论语·述而》）

知命

从义的观念，孔子推导出"无所为而为"的观念。一个人做他应该做的事，纯粹是由于这样做在道德上是对的，而不是出于在这种道德强制以外的任何考虑。《论语》记载，孔子被某个隐者嘲讽为"知其不可而为之者"（《宪问》）。《论语》还记载，孔子有个弟子告诉另一个隐者说："君子之仕也，行其义也。道之不行，已知之矣。"（《微子》）

后面我们将看到，道家讲"无为"的学说，而儒家讲"无所为而为"的学说。依儒家看来，一个人不可能无为，因为每个人都有些他应该做的事。然而他做这些事都是"无所为"，因为做这些事的价值在于做的本身之内，而不是在于外在的结果之内。

孔子本人的一生正是这种学说的好例。他生活在社会、政治大动乱的年代，他竭尽全力改革世界。他周游各地，还像苏格拉底那样，逢人必谈。虽然他的一切努力都是枉费，可是他从不气馁。他明知道他不会成功，仍然继续努力。

孔子说他自己："道之将行也与？命也。道之将废也与？命也。"（《论语·宪问》）他尽了一切努力，而又归之于命。命就是命运。孔子则是指天命，即天的命令或天意；换句话说，它被看作一种有目的的力量。但是后来的儒家，就把命只当作整个宇宙的一切存在的条件和力量。我们的活动，要取得外在的成功，总是需要这些条件的配合。但是这种配合，整个地看来，却在我们能控制的范围之外。所以我们能够做的，莫过于一心一意地尽力去做我们知道是我们应该做的事，而不计成败。这样做，就是"知命"。要做儒家所说的君子，知命是一个重要的必要条件。所以孔子说："不知命，无以为君子也。"（《论语·尧曰》）

由此看来，知命也就是承认世界本来存在的必然性，这样，对于外在的成败也就无所萦怀。如果我们做到这一点，在某种意义上，我们也就永不失败。因为，如果我们尽应尽的义务，那么，通过我们尽义务的这种行动，此项义务也就在道德上算是尽到了，这与我们行动的外在成败并不相干。

这样做的结果，我们将永不患得患失，因而永远快乐。所以孔子说："知者不惑，仁者不忧，勇者不惧。"（《论语·子罕》）又说："君子坦荡荡，小人长戚戚。"（《论语·述而》）

孔子的精神修养发展过程

在道家的著作《庄子》中，可以看到道家的人常常嘲笑孔子，说他把自己局限于仁义道德之中，只知道道德价值，不知道超道德价值。表面上看，他们是对的，实际上他们错了。请看孔子谈到自己精神修养发展过程时所说的话吧，他说："吾十有五，而志于学，三十而立，四十而不惑，五十而知天命，六十而耳顺，七十而从心所欲，不逾矩。"（《论语·为政》）

孔子在这里所说的"学"，不是我们现在所说的学。《论语》中孔子说："志于道。"（《述而》）又说："朝闻道，夕死可矣。"（《里仁》）孔子的志于学，就是志于这个"道"。我们现在所说的"学"，是指增加知识，但是"道"却是我们用来提高精神境界的真理。

孔子还说："立于礼。"（《论语·泰伯》）又说："不知礼，无以立也。"（《论语·尧曰》）所以孔子说他"三十而立"，是指他这时候懂得了礼，言行都很得当。

他说"四十而不惑"，是说他这时候已经成为知者。因为如前面所引的，"知者不惑"。

孔子一生，到此为止，也许仅只是认识到道德价值。但是到了五十、六十，他就认识到天命了，并且能够顺乎天命。换句话说，他到这时候也认识到超道德价值。在这方面孔子很像苏格拉底。苏格拉底觉得，他是受神的命令的指派，来唤醒希腊人。孔子同样觉得，他接受了神的使命。《论语》记载："子畏于匡，曰：'……天之将丧斯文也，后死者不得与于斯文也；天之未丧斯文也，匡人其如予何！'"（《子罕》）有个与孔子同时的人说："天下之无道也久矣，天将以夫子为木铎。"（《论语·八佾》）所以孔子在做他所做的事的时候，深信他是在执行天的命令，受到天的支持，他所认识到的价值也就高于道德价值。

不过，我们将会看出，孔子所体验到的超道德价值，和道家所体验到的并不完全一样。道家完全抛弃了有理智、有目的的天的观念，而代之以追求与混沌的整体达到神秘的合一。因此，道家所认识、所体验的超道德价值，距离人伦日用更远了。

上面说到，孔子到了七十就能从心所欲，而所做的一切自然而然的正确。他的行动用不着有意的指导。他的行动用不着有意的努力。这代表着圣人发展的最高阶段。

孔子在中国历史上的地位

在中国内部，孔子虽然一直出名，他的历史地位在各个时代却有很不相同的评价。按历史顺序说，他本来是普通教师，不过是许多教师中的一个教师。但是他死后，逐渐被认为是"至圣先师"，高于其他一切教师。到公元前2世纪，他的地位更加提高。当时许多儒家的人认为，孔子曾经真的接受天命，继周而王。他虽然没有真正登极，但是就理想上说，他是君临全国的王。这显然是个矛盾，可是有什么根据呢？这些儒家的人说，根据可以在《春秋》的微言大义中找到。他们把《春秋》说成是孔子所著的表现其伦理、政治观点的一部最重要的政治著作，而不是孔子故乡鲁国的编年史。再到公元前1世纪，孔子的地位提高到比王还高。据当时的许多人说，孔子是人群之中活着的神，这位神知道在他以后有个汉朝（公元前206—公元220），所以他在《春秋》中树立一种政治理想，竟能完备得足够供汉朝人实施而有余。这种神化可以说是孔子光荣的顶点吧，在汉朝的中叶，儒家的确可以称作宗教。

但是这种神化时期并没有持续很久。公元1世纪初，就已经有比较带有理性主义特色的儒家的人开始占上风。从此以后，就不再认为孔子是神了，但是他作为"至圣先师"的地位仍然极高。直到19世纪末，孔子受天命为王的说法固然又短暂地复活，但是不久以后，随着民国的建立，他的声望逐渐下降到"至圣先师"以下。在现在，大多数中国人会认为，他本来是一位教师，确实是一位伟大的教师，但是远远不是唯一的教师。

此外，孔子在生前就被认为是博学的人。例如，有一个与他同时的人说："大哉孔子！博学而无所成名。"（《论语·子罕》）从前面的引证，我们也可以看出，他自认为是

继承古代文化并使之垂之永久的人，与他同时的一些人也这么
认为。他的工作是以述为作，这使得他的学派重新解释了前代
的文化。他坚持了古代中他认为是最好的东西，又创立了一个
有力的传统，一直传到最近的时代，这个时代又像孔子本人的
时代，中国又面临巨大而严重的经济、社会变化。最后，他是
中国的第一位教师。虽然从历史上说，他当初不过是普通教
师，但是后来有些时代认为他是"至圣先师"，也许是不无道
理的。

中国之社会伦理

中国之社会伦理乃是一个大题目，断非几千字所能讲清楚。本文为字数所限，只可讲中国社会伦理中之一点，即中国之传统的伦常问题。

中国向来依人之职业之不同，而将其分为四类，即所谓士、农、工、商。这一层不论。此外另有一种分类法，即是依人对于人之关系不同，而将其分类。依此标准，普通将人分为九类，即是君，臣，父，子，夫，妇，兄，弟，朋友。在这九类中，君与臣，父与子，夫与妇，兄与弟，是相对待的。普通将这些相对待的，连合言之，于是即有五伦。《中庸》说："君臣也，父子也，夫妇也，昆弟也，朋友之交也，五者天下之达道也。"

这就是普通所谓五伦。

如是将人分为这些类，每类与它一个类名，代表一个"所应该"。属于某类之个体，皆需依照其类名所代表之所应该而行。《论语》说："齐景公问政于孔子，孔子对曰：'君君，臣臣，父父，子子。'公曰：'善哉！信如君不君，臣不臣，父不父，子不子，虽有粟，吾得而食诸？'"（《颜渊》）个体者皆能依照其类各所代表之所应该而行，则国家社会，即可治平，否则扰乱。中国的传统政治社会哲学多主张这个原理，而维持这个原理最有势力的工具，就是古今两部史书：《春秋》[1]及朱子之《资治通鉴纲目》。

现在我们先说这些类名所代表的应该是什么。《左传》文公八年，太史克说："……舜臣尧……举八元，使布五教于四方：父义，母慈，兄友，弟恭，子孝。……"《大学》说："为人君止于仁，为人臣止于敬，为人子止于孝，为人父止于慈，与国人交止于信。"《礼运》说："父慈，子孝，兄良，弟悌，夫义，妇听，长惠，幼顺，君仁，臣忠，十者谓之人义。"孟子说："父子有亲，君臣有义，夫妇有别，长幼有序，朋友有信。"每一伦都有他的德（Virtue）。这德就是这个类名所代表之所应该。

后来又有于这五伦之中，特别注重三伦，即是三纲之说。《白虎通·三纲六纪》云："三纲者，何谓也？谓君臣、父子、夫妇也。六纪者，谓诸父、兄弟、族人、诸舅、师长、朋友也。故《含文嘉》曰：'君为臣纲，父为子纲，夫为妻

---

1 本文所说《春秋》，乃指传统的伦理学家心中之《春秋》。至于《春秋》原来之性质如何，乃另一问题。

纲。'又曰：'敬诸父兄，六纪道行，诸舅有义，族人有序，昆弟有亲，师长有尊，朋友有旧。'何谓纲纪？纲者，张也；纪者，理也。大者为纲，小者为纪，所以张理上下，整齐人道也。人皆怀五常之性，有亲爱之心，是以纲纪为化，若罗网之有纪纲而万目张也。……君臣、父子、夫妇，六人也。所以称三纲何？一阴一阳谓之道，阳得阴而成，阴得阳而序；刚柔相配，故六人为三纲。……六纪者，为三纲之纪者也。师长、君臣之纪也，以其皆成己也。诸父、兄弟、父子之纪也，以其有亲恩连也。诸舅、朋友、夫妇之纪也，以其皆有同志为己助也。"这是于诸伦之中，特别提出三伦为纲，而使其余分属之。而"君为臣纲，父为子纲，夫为妻纲"之说，在中国社会伦理上尤有势力。依向来之传统的见解，评论人物，多注意于其"忠孝大节"，若大节有亏，则其余皆不足观。至于评论妇人，则只当注意于贞节问题，即其对于夫妇一伦之行为。"饿死事小，失节事大"，苟一失节，则一切皆不足论矣。

　　"君为臣纲，父为子纲，夫为妻纲。"于是臣、子、妻即成为君、父、夫之附属品。关于这一点，中国传统的伦理学家，又在中国哲学中之形上学里找到根据。《白虎通》以"一阴一阳谓之道"说三纲，已如上述。《易·坤·文言》云："阴虽有美，含之以从王事，弗敢成也；地道也，妻道也，臣道也。地道无成，而代有终也。"董仲舒说："阳始出，物亦始出；阳方盛，物亦方盛；阳初衰，物亦初衰。物随阳而出入，数随阳而终始。三王之正，随阳而更起。以此见之，贵阳而贱阴也。故数日者，据昼而不据夜；数岁者，据阳而不据阴，阴不得达之义。是故《春秋》之于昏礼也，达宋公而不达纪侯之母。纪侯之母，宜称而不达，宋公不宜称而达。达阳而不达阴，以天道制之也。丈夫虽贱皆为阳，妇人虽贵皆为阴。……是故《春秋》君不名恶，臣不名善，善皆归于君，恶皆归于臣。臣之义比于地，故为人臣者，视地之事天也；为人子者，视土之事火也……傅于火，以调和养长，然而弗名者，皆并功于火。……孝之至也。是故孝子之行，忠臣之义，皆法于地也。"（《春秋繁露·阳尊阴卑》）《白虎通》又云："子顺父，妻顺夫，臣顺君，何法？法地顺天也。"（《论人事取法五行》）以上所说，当然于为君者最有利，因为照定义，他就是不能受人反对的。《礼运》说："故天生时而地生财，人其父生而师教之；四者，君以正用之，故君者，立于无过之地也。"为子者虽吃亏，而尚有为父之时。唯妇永不能为夫，故她亦永无翻身之日。这就是中国几千年尊君抑臣、重男轻女之局。

这个局面也并非是秦汉以后才有。《左传》宣公二年，赵穿把晋灵公害了。"太史书曰：'赵盾弑其君。'以示于朝。宣子曰：'不然。'对曰：'子为正卿，亡不越竟，反不讨贼，非子而谁？'"又襄公二十五年，崔杼把齐庄公害了。"太史书曰：'崔杼弑其君。'崔子杀之。其弟嗣书而死者，二人。其弟又书，乃舍之。"可见当时，"弑君"二字，照定义就是弥天大罪，人人所共得而诛。《春秋》隐公四年："九月，卫人杀州吁于濮。"《公羊传》："其称人何？讨贼之辞也。"何休注："讨者，除也。明国中人人得讨之，所以广忠孝之路。"故陈恒弑其君，孔子沐浴而朝，请讨之。（《论语·宪问》）至于卫灵公、齐庄公等之果为何见害，则是事实问题，乃另外一回事。董狐、孔子等，只认臣不能弑君这个形式问题。

他们所注意者，不是某个体杀某个体，而乃是"臣弑君"。《春秋》及朱子《纲目》式的史书遇见这些事，只大书特书一个某某"弑其君"，便轻轻地把那个人的罪确定了。孟子有时主张把名及代表名之个体分开（详下），但他又说："孔子作《春秋》而乱臣贼子惧。"特意提出乱臣贼子，可见他仍为传统的见解所束缚。

至于中国传统的伦理学家所以特别注重君臣、父子、夫妇三伦者，因为依他们的意见，这三伦对于人生特别有关系。《易·序卦》云："有天地然后有万物，有万物然后有男女，有男女然后有夫妇，有夫妇然后有父子，有父子然后有君臣，有君臣然后有上下，有上下然后礼义有所错。"荀子说："礼有三本：天地者，生之本也；先祖者，类之本也；君师者，治之本也。无天地，恶生？无先祖，恶出？无君师，恶治？三者偏亡，焉无安人。"（《礼论篇》）欧阳修说："无父乌生？无君乌以为生？"（《新五代史·唐明宗家人传》从璟论）人若无君，则人即在墨子所谓"古者民始生，未有刑政之时""天下之百姓，皆以水火毒药相亏害。至有余力，不能以相劳；腐朽余财，不以相分；隐匿良道，不以相教；天下之乱，如禽兽然"。（《墨子·尚同上》）换言之，臣若无君则即在霍布斯（Hobbes）所谓天然状态之内。中国传统的伦理学家之重视君，正与霍布斯之重视国家同一理由。无君则我们不能维持我们的生活；无父则我们不能得我们的生命。中国传统的伦理学家素注重报恩之义。孔子说："慎终追远，民德归厚矣。"（《论语》）中国传统的伦理学家重视君父其理由如此。

至于夫妇一伦，所以亦为重视者，因一方面无夫妇则无父子，如《序卦》所说；一方面则夫妇之关系，为我们继续我们的将来生命所需要。《礼记·郊特牲》云："天地合，而后万物兴焉。夫昏礼，万世之始也。"孔子云："天地不合，万物不生；大昏，万世之嗣也，君何谓已重焉？"（《礼记·哀公问》）《白虎通·嫁娶》云："人道所以有嫁娶何？以为情性之大，莫若男女。男女之交，人伦之始，莫若夫妇。《易》曰：'天地氤氲，万物化醇；男女构精，万物化生。'人承天地，施阴阳，故设嫁娶之礼者，重人伦，广继嗣也。"中国传统的伦理学家之重夫妇一伦，其理由是生物学的。此外还有一层，即是中国传统的伦理学家向来以为正式的治国平天下必自齐家做起。《易·家人·彖》云："家人，女正位乎内，男正位乎外，男女正，天地之大义也。家人有严君焉，父母之谓也。父父，子子，兄兄，弟弟，夫夫，妇妇，而家道正，正家而天下定矣。"《诗》云："刑于寡妻，至于兄弟，以御于家邦。"《诗序》云："《关雎》，后妃之德也，风之始也，所以风天下而正夫妇也；故用之乡人也，用之邦国焉。""正家而天下定。"所以特别注重夫妇一伦。

至于中国传统的伦理学家所以特别注重君、父、夫之权，而以为臣、子、妻之"纲"者，其尊君之理由，亦与霍布斯所以主张国家权力须为绝对之理由同。荀子云："人之生不能无群，群而无分则争，争则乱，乱则穷矣。故无分者，人之大害也；有分者，天下之本利也。而人君者，所以管分之枢要也。故美之者，是美天下之本也；安之者，是安天下之本也；贵之者，是贵天下之本也。"（《富国篇》）司马光曰："天子之职莫大于礼，礼莫大于分，分莫大于名。何谓礼？纪纲是也。何谓分？君臣是也。何谓名？公、侯、卿大夫是也。……故天子统三公，三公率诸侯，诸侯制卿大夫，卿大夫制士庶人。贵以临贱，贱以承贵……然后能上下相保而国家治安。……文王序《易》，以乾、坤为首。孔子系之曰：'天尊地卑，乾坤定矣。卑高以陈，贵贱位矣。'言君臣之位犹天地之不可易也。……呜呼！君臣之礼既坏，则天下以智力相雄长。遂使圣贤之后为诸侯者，社稷无不泯绝，生民之类，糜灭几尽，岂不哀哉？"（《资治通鉴》周威烈王二十三年初，命晋大夫魏斯、赵籍、韩虔为诸侯论。）这种维护名教的态度，正是《春秋》的态度，至朱子就《资治通鉴》作《纲目》，而这种态度更为明白。我们所须注意者，即他们所以维护名教之理由，完全是实用的。"君臣之分"，必须"犹天地之不可易"者，以必如此"然后上下相保而国家治"也。若"君不君，臣不臣"，则"虽有粟，吾得而食诸"？

荀子曰："君者，国之隆也；父者，家之隆也。隆一而治，二而乱。自古及今，未有二隆争重而能长久者。"（《致仕篇》）"欲国治，则必为国定一尊；欲家齐，则必为家定一尊。""家人有严君焉，父母之谓也。"

父之于家，犹君之于国。所以以父为子纲，固以父为生子者，然亦为避免"二隆争重"之弊也。

《礼记·郊特牲》云："妇人，从人者也。幼从父兄，嫁从夫，夫死从子。夫也者，夫也。夫也者，以智帅人者也。"又云："壹与之齐，终身不改，故夫死不嫁。男子亲迎，男先于女，刚柔之义也。天先乎地，君先乎臣，其义一也。"以及前文所引，乃以夫为妻纲形式的理由，至于其实用的理由为何，中国传统的伦理学家，未闻道及。然家必"隆一而治"，亦至少必为其理由之一。盖父虽为子之纲，然夫若不同时亦为妻之纲，则仍有"二隆争重"之弊。所以有"牝鸡司晨，唯家之索"之言也。

"壹与之齐，终身不改。"此言为主张妇女守节者之所本。此亦不无实用的理由，特行之太趋极端耳。中国传统的伦理学家极注重"有夫妇然后有父子"之言。盖在绝对无限制的时代，人自然只知有母而不知有父，故妇女必至少于几个月之中，守"从一"之义，然后父子之伦，乃始可立。

《郊特牲》云："男女有别，然后父子亲；父子亲，然后义生；义生，然后礼作；礼作，然后万物安。""男女有别"何以能使"父子亲"，其故可想。特必须妇女"从一而终"，则太过矣。

中国哲学中之社会伦理，以儒家所论为最详而亦最有势力。故本文所讲，皆系儒家之社会伦理，即所谓传统的社会伦理。前所引证，亦多属于秦汉以前之书；因中国后来哲学，如宋明理学家，虽对于个人修养之方法，有大贡献，而对于儒家之传统的社会伦理，则并未有所改变。清儒中颇有反对传统的社会伦理者，如黄梨洲之《原君》《原臣》（《明夷待访录》），欲改变传统君臣之关系。俞正燮之《节妇说》（《癸巳类稿》卷十三）反对专命妇女守节，谓："男子理义无涯涘，而深文以罔妇人，是无耻之论也。"然此等学说，于实际的社会上尚无大影响，故此文不论。

以上大都是叙述中国之社会伦理，至其价值如何，本文篇幅有限，不能多论。唯有一点须注意者，即近来一般人之意，多谓中国道德家只教人忠事个人，此言实谬。请略论之。

中国之忠臣孝子及节妇所忠事者，实是一名，一概念。向来每朝亡国，皆有殉君之臣，不管事实上的亡国之君，是否有使人殉之价值。其所以即是那些忠臣所殉者是"君"之概念、君之名，并不是事实上的崇祯或其他亡国之君。韩愈说："臣罪当诛兮，天王圣明。"宋儒说："天下无不是的父母。"按照父的要素、父的名，父当然是慈的。按照君的要素、君的名，君当然是明的。但普通的、抽象的君父，非附在特殊的、具体的个体上，不能存在于这个具体的、实际的、实践的世界上。而这些实际的、具体的、个人之为君父者，往往不能皆如君父之名、之要素、之所应该。然无论事实上具体的为君父者果是如何，臣子总要尽忠孝，因为他们是代表君父之名、之概念者。妻之必须为夫守节或殉节，不管事实上具体的为夫者果是如何，其理由也是如此。依传统的伦理学家，夫即待妻无恩，或曾虐待妻，妻也要尽"妇道"为守节。她是为她的"夫"守节，并不是为事实上具体的某人守节。她是屈服于名、概念，并不是屈服于事实上具体的某人。

中国也曾有人以为名及代表名之个体须分开者。孟子说："闻诛一夫纣矣，未闻弑君也。"他把纣与"君"分开。晏平仲说："君民者，岂以凌民？社稷是主。君臣者，岂为其口实？社稷是养。故君为社稷死，则死之；为社稷亡，则亡之。若为己死，而为己亡，非其私昵，谁敢任之？"（《左传》襄公二十五年）君为社稷死，则是以君之资格死，臣可从死。若为己死，则是以个人资格死，臣不可从死。此分别本极有理，但未为传统的伦理学家所采用耳。

要之，中国历来多数之忠臣、孝子、节妇之忠于名、概念之精神，极高贵纯洁，其所处盖已不在具体的世界而在柏拉图所谓概念之世界。

此则吾人所宜注意者也。

关于中西文化问题的一点意见[1]

现在，对所谓中西文化问题的讨论又热闹起来了。人们对于这个问题都很感兴趣，这是当然的，因为我们所处的时代，就是一个两种文化冲突矛盾的时代。怎样认识这两种文化，理解这个冲突，解决这个矛盾，当然是大家所关心的问题。关于这个问题的辩论时起时伏，这是因为这个问题还没有根本解决，所以不免就又冒出来了。

就这个问题说，现在还有点像"五四"运动时代，但是，这两个时代的争论重点不同。在"五四"时代，人们所注意的是在西方文化中有哪些成分是我们所要吸收的；现在人们所注意的是中国旧文化中有哪些是我们所要继承的。

中西文化的冲突和矛盾，是从19世纪中叶开始的。当时的进步人们所提出的解决办法是"以夷为师""师夷之长技，以

1 原载《瞭望》周刊（海外版）1986年2月10日第六、第七期合刊。

制夷"。这就是说，要向西方学习，学习西方人的长处，以制服西方。什么是西方的长处呢？这就有各种不同的意见。这是因为人们对于西方文化的了解和认识有深浅的不同，有不同认识的人们各本着他们的认识改变中国，这就叫变法。变法的主要之点就是不改变中国社会的根本，只做一些枝枝节节的改变。实践证明，这些办法都不行，于是中国社会就由变法时代进入革命时代，由近代进入现代。

中国社会从1911年的辛亥革命进入革命时代，先有旧民主主义革命，后有新民主主义革命。旧民主主义革命虽然没有成功，但有一件事情做对了。在旧民主主义的革命纲领中首先的一条是："驱逐鞑虏，恢复中华。"所谓"鞑虏"就是满族，用当时的话说就是"排满"。可是在清朝皇帝被迫退位以后，革命者夺得了全国性的政权，他们就不排满了。他们提出了"汉、满、蒙、回、藏五族共和"的民族政策，联合五个民族，成为中华民族，由此建立的民国成为"中华民国"。历史证明，这个民族政策是成功的经验，对于中华民族是有贡献的。这个成功的经验，给了我们一个启示：一个革命者在夺得政权以后，应该把革命的对象收过来，为己所用。在这一点上，新民主主义的革命者，在文化政策上走了一段弯路。

在中华人民共和国成立后，人们常说，中国是一穷二白，家底子薄。这话不够全面。从物质文明方面说这种情况是有的，从精神文明方面说就不尽然。中国有几千年的精神文明，积累下来了很多东西，怎么说是一穷二白、家底子薄呢？从精神文明这方面说，家底子不是薄，而是很厚。

这一个很厚的家底子，可能是中国人的包袱，应该把它扔掉；也可能是一份遗产，应该把它继承下来。究竟是包袱，还是遗产？这就不能用简单的方法——扣帽子的方法——一概而论。要看革命者怎样对付它，怎样用它。用之得当，腐朽可以化为神奇；用之不得当，神奇可以化为腐朽。这就需要对于旧文化作仔细的研究，有分析，有取舍，取其有用者，舍其无用者。

或取、或舍，或有用、或无用，必须有一个标准，现在什么是那个标准呢？

我们现在正在振兴中华，建设有中国特色的社会主义的现代化国家，这是我们的总方针、总目标，这就是标准。所谓有用或无用，都是就这个标准说的。

有些人觉得很难想象中国旧文化有些什么东西，可以对上面所说的那个总目标有用，在这一点上，我可以举一个例子以为说明。

报刊上常看见有许多不正之风，有人把它归结为"见利忘义"，我不知道这个提法是谁首先提出来的，但这个提法很重要，"义利之辨"是中国古典哲学中的一个重要问题。什么是"义"和"利"？宋明道学（亦称理学）对此作了阐述，它说：义利之辨就是公私之分，为公就是义，为私就是利。有人认为，宋明道学轻视物质利益，这是误解。宋明道学讲"义"是包括物质利益的，问题在于为谁去追求物质利益。若为自己追求，那就是为利；若为社会、为人民追求，那就是为义。现在还有人"见利忘义"，正说明人的精神素质还有待提高，这也就是说，还要提高人的精神境界和文化素养。

在这个时候提出"义利之辨"，这就是中国古典哲学将成为有中国特色的社会主义精神文明的一个来源的迹象。如果对这一迹象因势利导，必将加速现在精神文明建设的进展，并使之更具有中国特色。这种特色并不是可以从外部涂上去的，而是从内部发出来的。这就好像人的肤色，无论是黄、是白，都是人的内部生理所决定的，不是从外面涂上去。

由此可见，重新研究中国传统文化，对于现在的总目标是有用的，这是站在革命者的立场而进行的工作。从这个立场出发，这种工作就不是抱残守缺，复古倒退。从这方面看，现在谈东西文化的比较，和"五四"时代打倒孔家店，虽然在形式上有所不同，但在精神上却是一致了。现在的工作是"五四"精神的真正继续，而"十年动乱"是"五四"精神的歪曲，这是历史发展的辩证法。

与印度泰戈尔谈话

我自从到美国以来，看见一个外国事物，总好拿它同中国的比较一下。起头不过是拿具体的、个体的事物比较，后来渐及于抽象的、普通的事物。最后这些比较结晶为一大问题，就是东西洋文明的比较。这个大问题，现在世上也不知有能解答它的人没有。前两天到的《北京大学日刊》上面登有梁漱溟先生的"东西洋文明及其哲学"的讲演，可惜只登出绪论，尚未见正文。幸喜印度泰戈尔先生到纽约来了，他在现在总算是东方的一个第一流人物，对于这个问题，总有可以代表一大部分东方人的意见。所以我于11月30日到栈房去见他，问他这个问题。现在将当日问答情形，写在下面。

泰：中国是几千年的文明国家，为我素所敬爱。我从前到日本没到中国，至今以为遗憾。后有一日本朋友，请我再到日本。我想我要再到日本，可要往中国去，而不幸那位朋友，现在死了，然而我终究必要到中国去一次的。我自到纽约，还没有看见一个中国人，你前天来信说要来见我，我很觉得喜欢。

冯：现在中国人民的知识欲望，非常发达，你要能到中国一行，自然要大受欢迎。中国古代文明，固然很有可观，但现在很不适时。自近年以来，我们有一种新运动，想把中国的旧东西，哲学、文学、美术，以及一切社会组织，都从新改造，以适应现在的世界……

泰：适应吗？那自然是不可缓的。我现在先说我这次来美国的用意。我们亚洲文明，可分两派，东亚洲中国、印度、日本为一派，西亚洲波斯、阿拉伯等为一派，今但说东亚洲。中国、印度的哲学，虽不无小异，而大同之处很多。西洋文明所以盛者，因为它的势力，是集中的。试到伦敦、巴黎一看，西洋文明全体，可以一目了然，即美国哈佛大学，也有此气象。我们东方诸国，却如一盘散沙，不互相研究，不互相团结，所以东方文明，一天衰败一天了。我此次来美就是想募款，建一大学，把东方文明聚在一起来研究。什么该存，什么该废，我们要用我们自己的眼光来研究、来决定，不可听西人模糊影响的话。我们的文明，也许错了，但是不研究怎么知道呢？

冯：我近来心中常有一问题，就是东西洋文明的差异，是等级的差异（difference of degree），还是种类的差异（difference of kind）？

泰：此问题我能答之。它是种类的差异。西方的人生目的是"活动"（activity），东方的人生目的是"实现"

（realization）。西方讲活动进步，而其前无一定目标，所以活动渐渐失其均衡。现只讲增加富力，各事但求"量"之增进，所以各国自私自利，互相冲突。依东方之说，人人都已自己有真理了，不过现有所蔽，去其蔽而真自实现。

冯：中国老子有句话是："为学日益，为道日损。"西方文明是"日益"，东方文明是"日损"，是不是？

泰：是。

但是东方人生，失于太静（passive），是吃"日损"的亏不是？太静固然，但是也是真理（truth）。真理有动（active）、静（passive）两方面：譬如声音是静，歌唱是动；足力是静，走路是动。动常变而静不变，譬如我自小孩以至现在，变的很多，而我泰戈尔仍是泰戈尔，这是不变的。东方文明譬如声音，西方文明譬如歌唱，两样都不能偏废，有静无动，则成为"惰性"（inertia）；有动无静，则如建楼阁于沙上。现在东方所能济西方的是"智慧"（wisdom），西方所能济东方的是"活动"（activity）。

冯：那么静就是所谓体（capacity），动就是所谓用（action）了？

泰：是。

冯：如你所说，吾人仍应于现在之世界上讨生活。何以佛说：现在世界，是无明所现，所以不要现在世界？

泰：这是你误信西洋人所讲的佛教了。西人不懂佛教，即英之达维思夫人（Mrs. Rhys Davids），尚须到印度学几年才行。佛说不要现在世界者，是说：人为物质的身体束缚，所以一切不真；若要一切皆真，则须先消极地将内欲去尽，然后真心现其大用，而真正完全之爱出，爱就是真。佛教有两派：一小乘（hina-yana），专从消极一方面说；一大乘（maha-yana），专从积极一方面说。佛教以爱为主，试问若不积极，怎样能施其爱？古来许多僧徒，牺牲一切以传教，试问他们不积极能如此吗？没有爱能如此吗？

冯：依你所说，东方以为，真正完全之爱，非俟人欲净尽不能出；所以先"日损"而后"日益"。西方却想于人欲中求爱，起首就"日益"了，是不是？

泰：是。

冯：然则现在之世界，是好是坏？

泰：也好也坏。我说它好者，因为它能助心创造（creation）；我说它坏者，因为它能为心之阻碍（obstruction）。如一块顽石，足为人之阻碍；若制成器具，则足为人用。又如学一语言，未学会时，见许多生字，足为阻碍，而一学会时，就可利用之以做文章了。

冯：依你所说，则物为心创造之材料，是不是？

泰：是，心物二者，缺一不能创造。

冯：我尚有一疑问，佛教既不弃现世，则废除男女之关系，是何用意？

泰：此点我未研究，不能答。或者是一种学者习气，亦未可知。

冯：依你所说，则东西文明，将来固可调和，但现在两相冲突之际，我们东方，应该怎样改变，以求适应？从前中国初变法之时，托尔斯泰曾给我们一信，劝我们不可变法。现在你怎样指教我们？

泰：现在西方对我们是取攻势（aggressive），我们也该取攻势。我只有一句话劝中国，就是："快学科学！"东方所缺而急需的，就是科学。现在中国派许多留学生到西洋，应该好好地学科学。这事并不甚难。中国历来出过许多发明家，这种伟大民族，我十分相信，它能学科学，并且发明科学。东方民族，绝不会灭亡，不必害怕。

冯：你所筹办的大学，现在我们能怎样帮忙？

泰：这层我不能说，这要人人各尽其力的。中国随便什么事——捐款、捐书、送教员、送学生——都可帮助这个大学的。现在我们最要紧的，是大家联络起来，互相友爱；要知道我们大家都是兄弟！

谈到这里，已经是一个钟头过去。我就起身告辞了。泰戈尔先生的意见对不对，是另一问题，不过现在东方第一流人物对于东西文明的见解是如此，这是我们应该知道的。我还要预先警告大家一句，就是：泰戈尔的话，初看似乎同从前中国中学为体、西学为用之说，有点相像，而其实不同。中国旧说，是把中学当个桌子，西学当个椅子，要想以桌子为体，椅子为用。这自然是不但行不通，而且说不通了。泰戈尔先生的意思，是说真理只有一个，不过它有两方面，东方讲静的方面多一点，西方讲动的方面多一点，就是了。换句话说，泰戈尔讲的是一元论，中国旧说是二元论。

我现在觉得东方文明，无论怎样，总该研究。为什么？因为它是事实。无论什么科学，只能根据事实，不能变更事实。我们把事实研究之后，用系统的方法去记述它，想道理去解说它，这记述和解说，就是科学。记述和解说自然事实的，就是自然科学；记述和解说社会事实的，就是社会科学。我们的记述解说会错，事实不会错。譬如孔学，要把它当成一种道理看，它会错会不错；要把它当成事实看——中国从前看这个道理，并且得大多数人的信仰，这是个事实。它也不会错，也不会不错。它只是"是"如此，谁也没法子想。去年同刘叔和谈，他问我：中国对于世界的贡献是什么？我说：别的我不敢说，但是我们四千年的历史——哲学、文学、美术、制度……都在内——无论怎样，总可做社会科学、社会哲学的研究资料。所以东方文明不但东方人要研究，西方人也要研究，因为它是宇宙间的事实的一部分。说个比喻，假使中国要有一块石头，不受地的吸力，牛顿的吸力律就会被打破，牛顿会错,中国的石头不会错!本志[1]2卷4号所载熊子真先生的信上面的话,我都很佩服,但是不许所谓新人物研究旧学问,我却不敢赞成。因为空谈理论,不管事实,正是东方的病根,为科学精神所不许的。中国现在空讲些西方道理,德摩克拉西(democracy 的音译,指民主)、布尔色维克(即布尔什维克),说得天花乱坠。至于怎样叫中国变成那两样东西,却谈的人很少。这和八股策论,有何区别?我们要研究事实,而发明道理去控制它,这正是西洋的近代精神!

---

1 指《新潮》杂志。

附

录

我的父亲冯友兰

宗璞

转眼间父亲离开我们已经快一年了。

去年这时，也是玉簪花开得满院雪白，我还计划在向阳的草地上铺出一小块砖地，以便把轮椅推上去，让父亲在浓重的树阴中得一小片阳光。

哲学界人士和亲友们都认为父亲的一生总算圆满，学术成就和他从事的教育事业使他中年便享盛名，晚年又见到了时代的变化，生活上有女儿侍奉，诸事不用操心，能在哲学的清纯世界中自得其乐。而且，他的重要著作《中国哲学史新编》，八十岁才开始写，许多人担心他写不完，他居然写完了。他是拼着性命支撑着，他一定要写完这部书。

父亲在最后的几年里，经常住医院，1989年下半年起更为频繁。一次父亲突然发作心绞痛，外子蔡仲德和两个年轻人一起，好不容易将他抬上救护车。他躺在担架上，我坐在旁边，数着脉搏。夜很静，车子一路尖叫着驶向医院。好在他的医疗待遇很好，每次住院都很顺利。一切安排妥当后，他的精神好了许多。我俯身为他掖好被角，正要离开时，他疲倦地用力说："小女，你太累了！""小女"这乳名几十年不曾有人叫了。"我不累。"我说，勉强忍住了眼泪。说不累是假的，然而比起担心和不安，劳累又算得了什么呢？

过了几天，父亲又一次不负我们的劳累和担心，平安回家了。我们笑说："又是一次惊险镜头。"

这余生太短促了。

后来父亲因眼前有幻象，又住医院。他常常喜欢自己背诵诗词，每住医院，总要反复吟哦《古诗十九首》。有记不清的字，便要我们查对。"青青陵上柏，磊磊涧中石。人生天地间，忽如远行客。""浩浩阴阳移，年命如朝露。人生忽如寄，寿无金石固。"他在诗词的意境中似乎觉得十分安宁。一次医生来检查后，他忽然对我说："庄子说过，生为附赘悬疣，死为决疣溃痈。孔子说过，朝闻道，夕死可矣。张横渠又说，存，吾顺事；没，吾宁也。我现在是事情没有做完，所以还要治病。等书写完了，再生病就不必治了。"我只能说："那不行，哪有生病不治的呢！"父亲微笑不语。我走出病房，便落下泪来；坐在车上，更是泪如泉涌。一种没有人能分担的孤单沉重地压迫着我。我知道，分别是不可避免的。

　　我们希望他快点写完《新编》，可又怕他写完。在住医院的间隙中，他终于完成了这部书。人们常问父亲有什么遗言，他在最后几天有时念及远在异国的儿子钟辽和唯一的孙儿冯岱。他用力气说出的最后的关于哲学的话是："中国哲学将来要大放光彩！"他是这样爱中国，这样爱哲学。当时有李泽厚和陈来在侧。

　　然后，终于到了11月26日那凄冷的夜晚，父亲那永远在思索的头脑进入了永恒的休息。

　　作为父亲的女儿，而且是数十年都在他身边的女儿，在他晚年又身兼几大职务，秘书、管家兼门房，医生、护士带跑堂，照说对他应该有深入的了解，但是我无哲学头脑，只能从生活中窥其精神于万一。根据父亲的说法，哲学是对人类精神的反思，他自己就总是在思索，在考虑问题。因为过于专注，难免有些呆气。他晚年耳目失其聪明，自己形容自己是"呆若木鸡"。其实这些呆气早已有之。抗战初期，几位清华教授从长沙往昆明，途经镇南关，父亲手臂触城墙而骨折。金岳霖先生一次对我幽默地提起此事，他说："当时司机通知大家，不要把手放在窗外，要过城门了。别人都很快照办，只有你父亲听了这话，便考虑为什么不能放在窗外，放在窗外和不放在窗外的区别是什么，其普遍意义和特殊意义是什么。还没考虑完，已经骨折了。"这是形容父亲爱思索。他那时正是因为在思索，根本就没有听见司机的话。

父亲一生对物质生活的要求很低，他的头脑都让哲学占据了，没有空隙再来考虑诸般琐事。而且他总是为别人着想，尽量减少麻烦。一个人到九十五岁，没有一点怪癖，实在是奇迹。我持家的能力很差，料理饮食尤其不能和母亲相比，有的朋友都惊讶我家饭食的粗糙。而父亲从没有挑剔，从没有不悦，总是兴致勃勃地进餐，无论做了什么，好吃不好吃，似乎都滋味无穷。这一方面因为他得天独厚，一直胃口好，常自嘲"还有当饭桶的资格"；另一方面，我完全能够体会，他是以为能做出饭来已经很不容易，再挑剔好坏，岂不让管饭的人为难？

父亲奉俭，但不乏生活情趣。他并不永远是不苟言笑，也有豪情奔放、潇洒闲逸的时候，不过机会较少罢了。1926年父亲三十一岁时，曾和杨振声、邓以蛰两先生，还有一位翻译李白诗的日本学者一起豪饮，四个人一晚喝去十二斤花雕。六十年代初，我因病常住家中，每于傍晚随父母到颐和园包坐大船，一元钱一小时，正好览尽落日的绮辉。一位当时的大学生若干年后告诉我说，那时他常常看见我们的船在彩霞中飘动，觉得真如神仙中人。我觉得父亲是有些仙气的，这仙气在于他一切看得很开。在他的心目中，人是与天地等同的。"人与天地参"，我不止一次听他讲解这句话。《三字经》说得浅显，"三才者，天地人"。既与天地同，还屑于去钻营什么！那些年，一些稍有办法的人都能把子女调回北京，而他，却只能让他最钟爱的幼子钟越长期留在医疗落后的黄土高原。

据河南家乡的亲友说，1945年初祖母去世，父亲与叔父一同回老家奔丧，县长来拜望，告辞时父亲不送，而对一些身为老百姓的旧亲友，则一直送到大门，乡里传为美谈。从这里我想起父亲和读者的关系。父亲很重视读者的来信，许多年坚持回信。星期日上午的活动常常是写信。和山西一位农民读者本恒茂老人就保持了长期的通信，每索书必应之。后来我曾代他回复一些读者来信，尤其是对年轻人，我认为最该关心，也许几句话便能帮助发掘了不起的才能。但后来我们实在没有能力做了，只好听之任之。把人家的千言信万言书束之高阁，起初还感觉不安，时间一久，则连不安也没有了。

时间会抚慰一切，但是去年初冬深夜的景象总是历历如在目前。我想它是会伴随我进入坟墓的了。当晚，我们为父亲换穿衣服时，他的身体还那样柔软，就像平时那样配合。他好像随时会睁开眼睛说一声："中国哲学将来会大放光彩。"我等了片刻，似乎听到一声叹息。

然而日子居然过去快一年了，只好对自己说，至少有一件事稍可安慰，父亲去时不知道我已抱病。他没有特别的牵挂，去得安心。

文章将尽，玉簪花也谢尽了。邻院中还有通红的串红和美人蕉，记得我曾说串红像是鞭炮，似乎马上会劈劈啪啪响起来。而生活里又有多少事值得它响呢？

1991年